サカフレ

サッカー好きに贈る
実用英語フレーズブック

遠藤泰介

東京図書出版

Before the Kick-off

本書を手に取っていただきありがとうございます。本書はサッカーシーンで使用される英語をまとめて収録した、新しいテーマのフレーズブックです。私自身、イギリス留学中に所属していたサッカークラブで活動をしていたとき、英語でコミュニケーションが上手く取れないことが原因で、不利な状況に陥ることを何度も経験しました。味方に自分の考えを伝えたいとき、審判と建設的な会話がしたいとき、相手に言い返したいとき、サッカーの話題で交友を深めたいときなど、様々な状況で英語力不足を実感したのです。事実として、当時すでに英語検定 1 級を取得していたので、英語の基礎力に問題はなかったと思います。しかし、サッカー関連の語彙力が欠如していたため、全くと言ってよいほど円滑にコミュニケーションを取ることはできませんでした。そういった悔しい経験を、これからの世代の人たちにしてほしくないというのが本書の作成を考える大きなきっかけになりました。また、グローバル化が急速に進展する現代において、スポーツにおける市場は世界への拡大を続けています。近年、サッカー日本代表の多くは海外を拠点にプレーをしている選手になっていますし、今後もこの傾向は続いていくと思っています。そういった自身の経験と日本サッカー界の今後の展望を考えた際に、日本語を母語とする選手の国際舞台における競争力を高めていくためには、サッカー関連の英語ボキャブラリーをまとめた書籍の作成が必要だと考えました。どのような理由で本書を手に取るに至っているのかは人それぞれだと思いますが、本書が皆様の活躍の一助になれば幸いです。

著者

Contents

サカフレに収録されている英語フレーズなどの音声ダウンロードは、以下の URL または QR コードから行うことができます。

・URL

https://english-for-football.com/publications/18406/

・QR コード

※本サービスは予告なく終了する可能性があります。
あらかじめご了解いただけますと幸いです。

Memo

サッカー英語
基礎

Section 0
Football English Basics

■ サッカー界の名言 #00

Everything is practice.

すべては練習の中にある。

Pelé / ペレ

● ポジションと役割に関する英語

□ goalkeeper / goalie
ゴールキーパー

□ defender
ディフェンダー

□ centre back/half
センターバック

□ right/left back
右/左サイドバック

□ full back
サイドバック

□ wing back
ウィングバック

□ midfielder
ミッドフィルダー

□ anchor
アンカー

□ defensive midfielder
守備的ミッドフィルダー

□ holding midfielder
ボランチ

□ central midfielder
センターミッドフィルダー

□ right/left midfielder
右/左ミッドフィルダー

□ playmaker / number 10
司令塔

□ box-to-box midfielder
万能型ミッドフィルダー

□ forward
フォワード

□ winger
ウィンガー

□ striker / number 9
ストライカー

□ centre forward
センターフォワード

□ false 9
偽の9番，ゼロトップの最前線

□ sweeper
スウィーパー

□ target man
前線で起点となる選手

□ system
システム，選手配置

□ formation
フォーメーション

□ line-up
先発，スタメン

□ four-four-two
4 - 4 - 2

□ four-three-three
4 - 3 - 3

□ referee / ref
審判，レフェリー

□ assistant referee / linesman
副審，ラインズマン

□ fourth official
第 4 審判

□ VAR
ビデオアシスタントレフェリー

□ captain / skipper
キャプテン，主将

□ vice captain
副キャプテン

□ manager
監督

□ assistant coach
アシスタントコーチ

□ boss
ボス，監督

□ gaffer
親分

□ timekeeper
計時係，タイムキーパー

□ analyst
分析官

□ medical staff
医療スタッフ

□ critic
批評家

□ journalist
ジャーナリスト

□ pundit
評論家

□ ball boy/girl
ボールボーイ/ガール

□ fan / supporter
ファン，サポーター

□ hooligan
フーリガン，暴徒化したファン

□ ultras
ウルトラス，過激なファン集団

□ commentator
実況

□ host(s)
ホームチーム，開催者

□ opponent
対戦相手

□ steward
運営スタッフ

□ scout
スカウト，偵察

□ agent
代理人

□ security guard
警備員

□ teammate
チームメイト

□ visitor(s)
アウェイチーム，来訪者

□ club legend
クラブの伝説的人物

□ groundskeeper
ピッチ整備員

□ owner
オーナー

□ photographer
カメラマン

□ reporter
リポーター

● 用具と備品に関する英語

□ armband
　キャプテンマーク

□ ball
　ボール

□ ball pump
　空気入れ

□ banner
　横断幕

□ body warmer
　防寒具, ベンチコート

□ bib(s)
　ビブス

□ yellow card
　イエローカード

□ red card
　レッドカード

□ cap
　帽子

□ cone
　コーン

□ corner flag
　コーナーフラッグ

□ emblem
　紋章, エンブレム

□ badge
　記章, バッジ

□ facemask
　フェイスマスク

□ flag
　旗

□ glove(s)
　手袋

□ goal net
　ゴールネット

□ hairband
　ヘアバンド

□ headgear
　ヘッドギア

□ ice bag
　氷のう

□ insole
　中敷き

□ jersey
　ジャージ, ユニフォーム

□ kit
ユニフォーム(一式)

□ ladder
ラダー

□ line marker
ライン引き

□ medical bag
救急バッグ

□ mouthguard
マウスピース

□ neck warmer
ネックウォーマー

□ protector
保護具

□ scarf
スカーフ，マフラータオル

□ shin pad(s) / leg guard(s)
すねあて，レガース

□ shirt
シャツ

□ shoelace
靴紐

□ shorts
パンツ

□ sock(s)
ソックス

□ sock tape
ソックス止め

□ boot(s)
ブーツ，スパイク

□ stud(s) / blade(s)
スタッド，スパイク裏の突起

□ sub board
交代ボード

□ tape
テープ

□ tactic board
作戦盤

□ tracksuit
保温着

□ undershorts
スパッツ

□ underwear
アンダーシャツ

□ water bottle
ボトル

□ space marker
スペースマーカー

● 設備とピッチに関する英語

□ stadium
スタジアム

□ tier
(座席の)階層

□ aisle
通路

□ terrace seat
テラス席

□ tunnel
トンネル，ピッチへ繋がる通路

□ training ground
練習用グラウンド

□ artificial grass
人工芝

□ standing area
立ち見席

□ dugout
試合中に選手の座る場所

□ electric scoreboard
電光掲示板

□ night game facility
ナイター試合用の設備

□ seat
座席

□ dressing room
控え室，更衣室

□ gate
出入り口，ゲート

□ block
(座席の)区域，ブロック

□ row
列

□ ground
グラウンド，地面

□ field
フィールド

□ grass
天然芝

□ astro turf
人工芝のピッチ

□ bench
ベンチ

□ pitch-side screen
ピッチ脇にある画面

□ floodlight
照明

□ roof
屋根

□ warm-up zone
ウォームアップ用の場所

□ training gym
トレーニングジム

□ mixed zone
取材用の場所，ミックスゾーン

□ trophy room
トロフィー保管室

□ bar
バー

□ corner arc
コーナーアーク

□ goal area / 6-yard box
ゴールエリア

□ penalty area / 18-yard box
ペナルティエリア

□ halfway line / centre line
ハーフウェイライン

□ centre circle
センターサークル

□ technical area
テクニカルエリア

□ canteen
食堂

□ car park
駐車場

□ shower room
シャワー室

□ fence / barrier
柵

□ physiotherapy room
理学療法室

□ goalpost
ポスト

□ woodwork
ゴールの枠

□ goal line / byline
ゴールライン

□ penalty spot
ペナルティスポット

□ penalty arc / the D
ペナルティアーク

□ centre spot
センタースポット

□ sideline / touchline
サイドライン

□ food stall
食べ物の屋台

□ signboard
看板

□ bathroom
トイレ，洗面所

□ club shop
グッズ売り場

□ exit
出口

● 試合データに関する英語

□ stats
試合データ，統計

□ goal kick
ゴールキック

□ goal scored
得点，決めたゴール

□ goal conceded
失点，許したゴール

□ expected goals (xG)
予想されるゴール数

□ goal difference (GD)
得失点差

□ own goal
オウンゴール

□ shot
シュート

□ attempt
シュートの試み

□ shot on target
枠内シュート

□ shot off target
枠外シュート

□ shot blocked
ブロックされたシュート

□ assist
アシスト

□ score
得点，スコア

□ corner kick
コーナーキック

□ direct free kick
直接フリーキック

□ indirect free kick
間接フリーキック

□ penalty kick
ＰＫ

□ ball possession
ボール支配率，ポゼッション

□ pass
パス

□ pass completed
成功したパス

□ pass accuracy
パス成功率

□ key pass
鍵となるパス，起点となるパス

□ long ball
ロングボール

□ through ball
スルーパス

□ touch
タッチ

□ foul committed
ファウル，犯したファウル

□ foul suffered
被ファウル，受けたファウル

□ straight red card
１発レッドカード

□ foul causing penalty
ＰＫとなるファール

□ chance created
作ったチャンス

□ successful dribble
成功したドリブル

□ cross
クロス

□ interception
パスカット，インターセプション

□ ball recovery
ボール奪取

□ dispossession
ボールロスト

□ big chance missed
決定機におけるミス

□ tackle
タックル

□ clearance
クリア

□ aerial duel
空中戦

□ save
セーブ

□ save rate
セーブ率

□ clean sheet
無失点試合

□ distance covered
走行距離

□ sprint
スプリント，ダッシュ

□ rating
評価，レーティング

□ matches played
消化した試合

□ minutes played
プレーをした時間(分)

□ match update
試合の最新情報

□ first half
前半

□ half time
ハーフタイム

□ second half
後半

- □ full time
  試合終了
- □ draw (D)
  引き分け
- □ win probability
  勝利確率
- □ win (W)
  勝ち，勝利
- □ lose (L)
  負け，敗北

● 試合中に使える英語

※女性の場合は she または her を使用

□ Away!
遠くへ(クリアしろ)！

□ Back off!
下がれ！

□ Beat him!
仕掛けろ！

□ Book him!
そいつにイエローを出せ！

□ Boot it!
蹴りとばせ！

□ Bring it!
運べ！

□ Call for it!
ボールを呼べ！

□ Calm down!
落ち着け！

□ Chase him!
追いかけろ！

□ Chip it!
浮かせろ！

□ Close him down!
そいつを止めろ！

□ Come back!
戻ってこい！

□ Come on!
しっかりしろ！

□ Come out!
出てこい！

□ Control it!
コントロールしろ！

□ Cross it in!
クロスを入れろ！

□ Don't dive in!
飛び込むな！

□ Don't go to ground!
滑るな！

□ Don't give him time!
時間を与えるな！

□ Don't let him get the ball!
そいつにボールを受けさせるな！

□ Don't let him go!
行かせるな！

□ Down the line!
縦パスを出せ！

□ Dummy!
スルーしろ！

□ Ease up!
落ち着け！

□ Fall back!
落ちてこい！

□ Find space!
スペースを見つけろ！

□ Flick it on!
すらせ！

□ Force him outside!
外に追いやれ！

□ From behind!
後ろから(のタックル)だぞ！

□ Get back!
戻ってこい！

□ Get closer!
もっと近づいて！

□ Get goal side of your man!
ゴール側に立て！

□ Get in the box!
ボックスに入れ！

□ Get it back!
ボールを取り返せ！

□ Get on him!
そいつにあたれ！

□ Get tight to him!
厳しくつけ！

□ Get your head on it!
頭でいけ！

□ Give it to me!
パスを出せ！

□ Give me an option!
選択肢をくれ！

□ Give me five!
ハイタッチ！

□ Go for it!
行け！

□ Go forward!
前線に行け！

□ Go past him!
追い越せ！

□ Go wide!
開け！

□ Handball!
ハンド！

□ He got the last touch!
そいつが最後に触っただろ！

□ Heads up, lads!
みんな、顔を上げろ！

□ Help him!
サポートしろ！

□ Hit it!
打て！

□ Hold it up!
キープしろ！

□ Hold the line!
ラインを保て！

□ Hurry up!
早く！

□ I'm open!
オレ空いてるよ！

□ I've got him!
そいつマークしてるよ！

□ It was never a foul!
絶対ファウルじゃなかったよ！

□ Keep it simple!
簡単に！

□ Keep talking!
しゃべり続けろ！

□ Leave it to me!
任せろ！

□ Let's go big!
大きくいこう！

□ Man on!
マノーン！

□ Mine!
任せろ！

□ Nice try!
いいぞ！

□ On my chest!
胸にパスを出せ！

□ How much longer?
あとどのくらい？

□ I'm behind you!
後ろにいるよ！

□ I'll take it!
オレが蹴る！

□ It was fifty-fifty!
五分五分だっただろ！

□ Keep going!
そのまま行け！

□ Keep possession!
ポゼッションを保とう！

□ Keeper's!
キーパー！

□ Let's go, lads!
みんな、行くぞ！

□ Look up!
顔を上げろ！

□ Mark your man!
マークにつけ！

□ My bad!
わりぃ！

□ No foul!
ファウルするな！

□ On my head!
頭にパスを出せ！

□ One touch too many!
ワンタッチ多いよ！

□ One two!
ワンツー！

□ Ours!
マイボール！

□ Out!
アウト！

□ Pass!
パスしろ！

□ Pass it back!
戻せ！

□ Pick up your man!
マークにつけ！

□ Play safe!
安全にプレーしろ！

□ Play to the whistle!
笛がなるまでプレーしろ！

□ Push up!
押し上げろ！

□ Ref!
審判！

□ Release it!
(ボールを)離せ！

□ Right here!
ここ(にボールを出せ)！

□ Run in!
走り込め！

□ Send it!
前に送れ！

□ Set me up!
(ボールを)セットしろ！

□ Shield the ball!
ボールを守れ！

□ So close!
めっちゃ惜しい！

□ Sorry about that!
それはごめん！

□ Sorry, it's my fault!
ごめん、オレのミスだ！

□ Sorry, mate!
ごめん！

□ Square it!
横パス(を出せ)！

□ Stay on your feet!
しっかり対応しろ！

□ Stay there!
そこにいろ！

□ Stay up!
集中切るなよ！

□ Stop him!
そいつを止めろ！

□ Surround him!
そいつを囲め！

□ Take him on!
そいつを捕まえろ！

□ Time!
フリーだぞ！

□ To my feet!
足元に(出せ)！

□ Too easy!
簡単にやられすぎ！

□ Too much!
やりすぎ！

□ Too slow!
(スピードが)遅すぎ！

□ Turn!
ターンしろ！

□ Wake up!
起きろ！

□ Watch the flight of the ball!
ボールの軌道を見極めろ！

□ What are you doing!?
何やってんだよ！

□ Who's got him!?
そいつ誰がついてるの!?

□ Switch!
サイドを変えろ！

□ Tighter!
もっと厳しく！

□ Time in!
ノータイムだぞ！

□ To the goalie!
キーパーに下げろ！

□ Too late!
(タイミングが)遅すぎ！

□ Too obvious!
あからさますぎ！

□ Trust me!
信じて(ボールをくれ)！

□ Unlucky!
ドンマイ！

□ Watch out!
気をつけろ！

□ Well played!
よくやった！

□ What's that!?
なんだよそれ！

□ Win it!
(競り合いで)負けるな！

第１節
サッカー英語 001〜090

Section 1
Football English 001-090

■ サッカー界の名言 #01

Talent without working hard is nothing.

努力を伴わない才能は、何の役にも立たない。

Cristiano Ronaldo / クリスティアーノ・ロナウド

サッカー英語 001〜010

001 □	**football** ['fʊtbɔːl] 【名】サッカー, サッカーボール	補）soccer は日本、アメリカ、カナダ、オーストラリア、ニュージーランドなどで使用される言葉である。
002 □	**unfair** [ˌʌn'feə(r)] 【形】不公平な	関）fair 公平な
003 □	**win** [wɪn] 【動】〜を勝ち取る, 勝利する　【名】勝利	活）win - won - won
004 □	**point** [pɔɪnt] 【名】勝ち点, ポイント	補）省略形は pt、その複数形は pts となる。
005 □	**advantage** [əd'vɑːntɪdʒ] 【名】優位性, 強み	関）take advantage of 〜 〜を上手く利用する
006 □	**lose** [luːz] 【動】〜に負ける　【名】敗北	活）lose - lost - lost
007 □	**transfer window** 【名】移籍市場	関）transfer rumor 移籍のウワサ
008 □	**hat-trick** ['hæt trɪk] 【名】ハットトリック, 3得点	補）ハイフンなしで hattrick とも表記される。score a hattrick で「ハットトリックを決める」という意味。
009 □	**top scorer** 【名】最多得点者	関）leading scorer 最多得点者
010 □	**control** [kən'trəʊl] 【名】コントロール	補）イギリスでは「トラップ」よりも「コントロール」の方が一般的に使用されている。

▶ 私たちは皆サッカーが大好きである。
We all love football.

▶ その判定は非常に不公平なものだった。
The decision was so unfair.

▶ 監督として多くのタイトルを勝ち取る
win a lot of titles as a manager

▶ その試合から勝ち点3を得る
get 3 points from the match

▶ ホームの優位性を利用する
make use of the home advantage

▶ 試合に負ける
lose the match

▶ 1月の移籍市場について話す
talk about the January transfer window

▶ ハットトリックヒーローのインタビュー
the hat-trick hero's interview

▶ 歴代最多得点者になる
become the all-time top scorer

▶ 素晴らしいボールコントロール
lovely ball control

011 □	**match-up** 【名】対決，マッチアップ	関）match up with one's teammate チームメイトと調和する
012 □	**do one's best** 【フ】最善を尽くす	補）試合前にはチームメイトに Let's do our best! と言ってみよう。
013 □	**duel** [ˈdjuːəl] 【名】球際の競り合い，デュエル	関）battle 戦い，バトル
014 □	**poor** [pɔː(r)] 【形】質の低い，しょぼい	関）high-quality 質の高い
015 □	**pull one's shirt** 【フ】シャツを引っ張る	関）drag one's shirt ～のシャツを引っ張る
016 □	**coach** [kəʊtʃ] 【動】～を指導する　【名】コーチ	関）assistant coach アシスタントコーチ，監督補佐
017 □	**qualification round** 【名】予選ラウンド	関）qualify for ～ ～の出場権を得る
018 □	**chance** [tʃɑːns] 【名】得点機，チャンス	関）take a chance 一か八かやってみる
019 □	**off the pitch** 【フ】ピッチ外での，オフザピッチ	関）on the pitch ピッチ上での，オンザピッチ
020 □	**diagonal run** 【名】斜め方向への走り込み	関）run diagonally 斜め方向に走る

▶ 左サイドでのワクワクする対決
an exciting match-up on the left side

▶ 彼らは常に最善を尽くす。
They always do their best.

▶ 中盤での球際の競り合い
duels in the midfield

▶ 質の低い守備
poor defending

▶ 私は審判に、彼が最初にシャツを引っ張ってきたと伝えました。
I told the referee that he pulled my shirt first.

▶ 彼は10年間そのチームを指導してきている。
He has coached the team for a decade.

▶ 予選ラウンドを終了する
finish the qualification round

▶ 前半に多くの得点機があった。
There were a lot of chances in the first half.

▶ 私は彼のピッチ外での専心に感銘を受けました。
I was impressed with his dedication off the pitch.

▶ 効果的な斜め方向への走り込み
an effective diagonal run

サッカー英語 021〜030

021 □	**fit** [fɪt] 【形】コンディションが整った	関）fitness issue コンディションの問題
022 □	**mentality** [men'tæləti] 【名】精神性, メンタリティー	関）mental 精神の
023 □	**get back the ball** 【フ】ボールを取り返す	関）get back to one's position ポジションに戻る
024 □	**workout** ['wɜːkaʊt] 【名】筋トレ, トレーニング	関）work out 筋トレをする
025 □	**champion** ['tʃæmpiən] 【名】王者, チャンピオン	関）become a champion 優勝する, 王者になる
026 □	**catch** [kætʃ] 【動】〜をキャッチする	活）catch - caught - caught
027 □	**mascot** ['mæskət] 【名】マスコット	補）そもそも「マスコット」とは企業やスポーツ団体などの象徴となるキャラクターのこと。
028 □	**go one-on-one** 【フ】1対1を仕掛ける	関）one-on-one meeting 1対1の会談
029 □	**set up a chance** 【フ】チャンスを作る	活）set - set - set
030 □	**tie** [taɪ] 【名】引き分け(の状態)	補）リーグで勝ち点が並んだときのために、得失点差や直接対決の結果などの tie breaker が定められている。

▶ 次のゲームまでにはコンディションが整っているだろう
will be fit by the next game

▶ グループの素晴らしい精神性
a great group mentality

▶ 激しいタックルでボールを取り返す
get back the ball with a hard tackle

▶ 徹底的な筋トレ
intensive workout

▶ 彼らが今季の王者である。
They are the champions this season.

▶ 首尾よくハイボールをキャッチした
successfully caught a high ball

▶ 人気のあるチームのマスコット
a popular team mascot

▶ ボックスの角付近で1対1を仕掛ける
go one-on-one near the edge of the box

▶ サイドからチャンスを作る
set up a chance from a wide area

▶ 美しいフリーキックで引き分けの状態を破った
broke the tie with a beautiful free kick

サッカー英語 031〜040

031 □	**press**	[pres]	【動】プレスをかける　【名】記者団	関）beat the press プレスをかわす
032 □	**stretch**	[stretʃ]	【動】〜を引き伸ばす　【名】ストレッチ	関）stretch after the training 練習後にストレッチをする
033 □	**stamina**	['stæmɪnə]	【名】体力, スタミナ	関）endurance 忍耐力, 持久力
034 □	**kick**	[kɪk]	【動】〜を蹴る　【名】キック, 蹴り	関）kick out 締め出す, 追い出す
035 □	**backline**	['bæklaɪn]	【名】最終ライン, バックライン	関）5-man backline 5枚の最終ライン
036 □	**final**	['faɪnl]	【名】決勝　【形】最終の	関）reach the final 決勝に到達する
037 □	**minute**	['mɪnɪt]	【名】分	関）second 秒
038 □	**in-swinging**		【形】内巻きの, インスイングの	関）out-swinging 外巻きの, アウトスイングの
039 □	**drop ball**		【名】ドロップボール	補）ドロップボールを受ける選手以外はドロップの位置から4m以上離れなければならないというルールがある。
040 □	**back pass**		【名】バックパス	関）pass 〜 back to … 〜を…に返す

▶ 試合を通して前線から<u>プレスをかける</u>
press from the front throughout the match

▶ 選手たちはウォームアップでよく脚<u>を引き伸ばす</u>。
Players stretch their legs well in a warm-up.

▶ 驚異的な<u>体力</u>がある
have tremendous stamina

▶ 強くボール<u>を蹴る</u>
kick the ball hard

▶ <u>最終ライン</u>における守備の原則
defensive principles for the backline

▶ <u>決勝</u>へ進出する
move on to the final

▶ 一般的にサッカーの試合は90<u>分</u>である。
Normally, a football match is 90 minutes.

▶ <u>内巻きの</u>コーナーキック
an in-swinging corner kick

▶ <u>ドロップボール</u>で再開する
restart with a drop ball

▶ キーパーへの<u>バックパス</u>
a back pass to the keeper

サッカー英語 041～050

041 □	**challenge** ['tʃælɪndʒ] 【名】チャレンジ, 挑戦	補）サッカーシーンでは「ボールを奪おうとする試み」のことを「チャレンジ」と表現する。
042 □	**inside of the boot** 【名】インサイド	関）outside of the boot / trivela アウトサイド
043 □	**take a penalty** 【フ】PKを蹴る	補）PKやフリーキック、コーナーキックなどはすべて take で「蹴る」を表現できるので便利。
044 □	**starting eleven** 【名】スタメン, 先発	関）start ～を先発させる
045 □	**shoulder barge** 【名】肩でのタックル	関）shoulder-to-shoulder 肩同士の
046 □	**last play** 【名】最後のプレー, ラストプレー	関）first play 最初のプレー, ファーストプレー
047 □	**weakness** ['wiːknəs] 【名】弱点, 弱み	関）weak point 短所, 弱み
048 □	**bicycle kick** 【名】バイシクルキック	補）似たような技として、scissor kick というものがある。
049 □	**youth team** 【名】ユースチーム, 若手のチーム	補）例えば、Arsenal U18 のようにチーム名 + U18 などで表現することも多い。
050 □	**rule** [ruːl] 【名】ルール, 規則	関）It's against the rules! それはルール違反でしょ！

▶ ボールを取り返すための<u>チャレンジ</u>
the challenge to get the ball back

▶ <u>インサイド</u>を使う
use the inside of the boot

▶ 誰も<u>PKを蹴り</u>たがらなかった。
No one was up for taking a penalty.

▶ <u>スタメン</u>に復帰する
return to the starting eleven

▶ その<u>肩でのタックル</u>にはファウルが与えられなかった。
No foul was given for the shoulder barge.

▶ 試合の<u>最後のプレー</u>で
in the last play of the game

▶ 私はその試合で<u>弱点</u>を認識することができた。
I was able to realise my weakness in the match.

▶ <u>バイシクルキック</u>で拍手喝采を受ける
get applause for the bicycle kick

▶ <u>ユースチーム</u>で選手を教育する
educate players in the youth team

▶ サッカーの<u>ルール</u>の実践的な運用
the practical use of football rules

サッカー英語 051～060

051 □	**cover**	['kʌvə(r)]	【動】～をカバーする　【名】カバー	関）be covered with snow 雪で覆われている
052 □	**improve**	[ɪm'pruːv]	【動】～を改善する, ～を向上させる	関）improvement 改善
053 □	**chip pass**		【名】チップパス	補）ボールの下側を軽くすくうようにして送るパスのこと。
054 □	**volley**	['vɒli]	【名】ボレー	補）飛んできたボールを地面につかないうちに蹴ること。
055 □	**dive**	[daɪv]	【名】ダイブ, わざと倒れること	補）「わざと倒れる」という意味の動詞でも使用される。また、それをする選手のことを diver という。
056 □	**key player**		【名】 鍵となる選手, 重要な選手	関）key pass 鍵となるパス, 重要なパス
057 □	**combination**	[ˌkɒmbɪ'neɪʃn]	【名】連携, コンビネーション	関）link-up 連携, 繋がり
058 □	**safety**	['seɪfti]	【名】安全(性)	関）safety first 安全第一
059 □	**league leader**		【名】リーグ戦で首位のチーム	補）動詞の lead には「～を先導する」という意味がある。
060 □	**additional time**		【名】アディショナルタイム, 追加時間	補）「ロスタイム」は和製英語なので使用しないこと。

▶ 左サイドバックの後ろのスペース<u>をカバーする</u>
cover the space behind the left back

▶ 私はまずパスの技術<u>を改善する</u>必要がある。
I need to improve my passing skills first.

▶ スペースへの<u>チップパス</u>
a chip pass into the space

▶ 素晴らしい<u>ボレー</u>
a stunning volley

▶ PKを得るための<u>ダイブ</u>
a dive to get a penalty

▶ 成長して<u>鍵となる選手</u>になった
grew up to be a key player

▶ 攻撃の三選手の<u>連携</u>
the combination play from three attackers

▶ 選手たちの<u>安全</u>を確保する
ensure players' safety

▶ <u>リーグ戦で首位のチーム</u>を決めるための試合の準備をする
prepare for the match to decide the league leader

▶ <u>アディショナルタイム</u>に2ゴールを決める
score two goals in additional time

サッカー英語 061〜070

061 □	**lose the ball** 【フ】ボールを失う	補）「ボールロスト」は和製英語なので使用しないこと。lose possession とも表現できる。
062 □	**upper body** 【名】上半身	補）「腕立て」は push-up、「腹筋」は sit-up、「背筋」は back extension という。
063 □	**play-off** [ˈpleɪ ɒf] 【名】プレーオフ，決定戦	関）3rd place play-off 3位決定戦
064 □	**international** [ˌɪntəˈnæʃnəl] 【名】代表選手　【形】国際の	関）international match 国際試合
065 □	**defensive third** 【名】ディフェンシブサード	補）ピッチを3分割したときの自陣側が defensive third である。
066 □	**set-piece** [ˌset ˈpiːs] 【名】セットプレー	補）「セットプレー」は和製英語なので使用しないこと。
067 □	**warm up** 【フ】ウォームアップをする	関）have a quick warm-up さっとウォームアップをする
068 □	**be down** 【フ】倒れている	関）stay down 倒れたままでいる
069 □	**overhead kick** 【名】オーバーヘッドキック	関）overhead compartment 頭上の荷物入れ
070 □	**intercept** [ˌɪntəˈsept] 【動】〜をインターセプトする，〜を途中で奪う	補）一般的な状況では「〜を傍受する」や「〜を迎撃する」という意味でも使用される。

▶ ボックス内でボールを失う
lose the ball in the box

▶ より強い上半身を作り上げるための筋トレ
a workout for building a stronger upper body

▶ 大陸間プレーオフに勝利する
win the inter-confederation play-off

▶ イングランドの代表選手として
as an England international

▶ ディフェンシブサードで安全にプレーする
play safe in the defensive third

▶ 決勝のために準備されたセットプレー
a set-piece prepared for the final

▶ 何人かの選手がウォームアップをし始めている。
Some players have started to warm up.

▶ 1人の選手がピッチで倒れている。
One player is down on the pitch.

▶ 歴史上最も素晴らしいオーバーヘッドキックの1つ
one of the finest overhead kicks in history

▶ 複数回ボールをインターセプトする
intercept the ball several times

サッカー英語 071〜080

071 □	**tough** [tʌf] 【形】厳しい, きつい	関）easy 簡単な
072 □	**group of death** 【名】死の組	補）通常、グループ決めの前にポット分けを行い、強豪同士の対戦にならないような配慮が行われる。
073 □	**panenka** 【名】フワッと蹴るPK, パネンカ	補）この蹴り方をした初めての選手である元チェコスロバキア代表のアントニーン・パネンカに由来がある。
074 □	**take the lead** 【フ】リードをする	関）take the initiative 主導権を握る
075 □	**equaliser** ['iːkwəlaɪzə(r)] 【名】同点弾	補）動詞形の equalise には「同点にする」という意味がある。
076 □	**communicate** [kə'mjuːnɪkeɪt] 【動】コミュニケーションを取る, 意思疎通をする	関）communication 意思疎通, コミュニケーション
077 □	**one-two pass** 【名】ワンツーパス	補）英語を話す選手に対しても、One two! と言えば通じる。ちなみに「壁パス」もそのまま wall pass で良い。
078 □	**dummy run** 【名】おとりの走り	関）make a decoy run おとりの走りをする
079 □	**be subbed off** 【フ】交代させられる	関）be subbed on 交代で出場する
080 □	**next to 〜** 【フ】〜の隣(に)	関）in front of 〜 / behind 〜 〜の前に / 〜の後ろに

▶ 厳しい試合だった。
It was a tough game.

▶ 日本が死の組へ入っていった。
Japan went into the group of death.

▶ フワッと蹴るPKのスペシャリスト
the panenka specialist

▶ 優勝チームに対してリードをする
take the lead against a champion team

▶ 終了間際の同点弾
an equaliser in the closing stage

▶ 審判とコミュニケーションを取る
communicate with the referee

▶ ワンツーパスを行う
perform a one-two pass

▶ ディフェンダーの注意を引くおとりの走り
a dummy run to distract defenders

▶ そのウィンガーは戦術的な理由で交代させられた。
The winger was subbed off for a tactical reason.

▶ ゴールキーパーの隣に立つ
stand next to the goalkeeper

サッカー英語 081〜090

081 □	**build a wall** 【フ】壁を作る	関）under-the-wall free kick 壁の下を通すフリーキック
082 □	**humidity** [hjuːˈmɪdəti] 【名】湿度	関）high/low humidity 高い/低い湿度
083 □	**right-footed** 【形】右利き(の), 右足での	関）be able to use both feet 両足を使える
084 □	**miss** [mɪs] 【動】〜を欠場する	関）miss the next match 次戦を欠場する
085 □	**first leg** 【名】第1戦	補）leg には「1つの試合」という意味がある。ちなみに「第2戦」は second leg と表現する。
086 □	**top flight** 【名】1部リーグでの戦い	関）top-flight player 一流の選手
087 □	**tournament** [ˈtʊənəmənt] 【名】選手権大会, トーナメント	関）championship 選手権大会
088 □	**title race** 【名】優勝争い	関）The title race is on. 優勝争いが起こっている。
089 □	**direct** [dəˈrekt] 【動】〜を指揮する	補）日本語の「ダイレクト！」という声掛けは英語だと One touch! となる。
090 □	**goalmouth** [ˈgəʊlmaʊθ] 【名】ゴールマウス, ゴール直前のエリア	関）have a big mouth 大口をたたく, おしゃべりである

▶ 壁を作るための実践的な助言
practical advice to build a wall

▶ 高い湿度の中での試合
a game played in high humidity

▶ その左サイドバックは右利きである。
The left back is right-footed.

▶ その試合を欠場すると予想されている
be expected to miss the match

▶ 第1戦でアウェイゴールを決める
score an away goal in the first leg

▶ 10年ぶりの1部リーグでの戦い
the top flight for the first time in 10 years

▶ 全国サッカー選手権大会で優勝する
win a national football tournament

▶ 3チームが優勝争いをしている。
Three teams are in the title race.

▶ 素晴らしい選手たちのチームを指揮する
direct a team of great players

▶ キーパーがゴールマウスから飛び出した。
The goalkeeper came out from the goalmouth.

Additional Time 1　プレミアリーグクラブの愛称

今回のコラムでは2023-24シーズンのプレミアリーグ所属クラブの愛称をリストアップしていきたいと思います。クラブカラーやエンブレムに由来がある場合は分かりやすいですが、「なぜ？」と感じるようなものはネットで調べてみると、興味深い情報が得られると思います。例えば、アーセナルの the Gunners（「砲手」の意）という愛称は、クラブが兵器工場の労働者によって結成されたことに由来があります。クラブのエンブレムにも「大砲」のデザインが施されていますね。

□ Arsenal
アーセナル

→ the Gunners
ガナーズ

□ AFC Bournemouth
AFC ボーンマス

→ the Cherries
チェリーズ

□ Aston Villa
アストンヴィラ

→ Villa / the Villains
ヴィラ / ヴィランズ

□ Brentford
ブレントフォード

→ the Bees
ビーズ

□ Brighton & Hove Albion
ブライトン・アンド・ホーヴ・アルビオン

→ the Seagulls
シーガルズ

□ Burnley
バーンリー

→ the Clarets
クラレッツ

□ Chelsea
チェルシー

→ the Blues
ブルーズ

□ Crystal Palace
クリスタルパレス

→ the Eagles
イーグルズ

□ Everton
エヴァートン

→ the Toffees
トフィーズ

□ Fulham
フラム

→ the Cottagers
コテイジャーズ

□ Liverpool
リヴァプール

→ the Reds
レッズ

□ Luton Town
ルートン・タウン

→ the Hatters
ハッターズ

□ Manchester City
マンチェスター・シティ

→ the Sky Blues
スカイブルーズ

□ Manchester United
マンチェスター・ユナイテッド

→ the Red Devils
レッドデビルズ

□ Newcastle United
ニューカッスル・ユナイテッド

→ the Magpies
マグパイズ

□ Nottingham Forest
ノッティンガム・フォレスト

→ Forest / the Reds
フォレスト / レッズ

□ Sheffield United
シェフィールド・ユナイテッド

→ the Blades
ブレイズ

□ Tottenham Hotspur
トッテナム・ホットスパー

→ Spurs
スパーズ

□ West Ham United
ウエストハム・ユナイテッド

→ the Hammers
ハマーズ

□ Wolverhampton Wanderers
ウォルバーハンプトン・ワンダラーズ

→ Wolves
ウルブズ

Memo

第2節
サッカー英語 091～180

Section 2
Football English 091-180

■ サッカー界の名言 #02

Only those who have the courage to take a penalty miss them.

PK を外すのは、PK を蹴る勇気を持った者だけだ。

Roberto Baggio / ロベルト・バッジョ

サッカー英語 091〜100

091 □	giant-killing		【名】ジャイアントキリング, 番狂わせ	関）possibility of a giant-killing 番狂わせの可能性
092 □	unavailable	[ˌʌnəˈveɪləbl]	【形】出場できない	関）available 出場できる
093 □	header	[ˈhedə(r)]	【名】ヘディング	補）英語の heading は「ヘディングをすること」を意味する言葉。
094 □	season	[ˈsiːzn]	【名】シーズン, 季	補）ヨーロッパのリーグは年をまたいでの実施のため、2023-24 season のように表記される。
095 □	cool down		【フ】クールダウンをする	関）cool-down stretch クールダウンのストレッチ
096 □	goal-scoring opportunity		【名】得点機	関）goal-scoring midfielder ゴールを決める中盤の選手
097 □	own half		【名】自陣	関）opposition half 敵陣, 相手陣
098 □	quarter-final	[ˌkwɔːtə ˈfaɪnl]	【名】準々決勝	補）quarter には「4分の1」という意味がある。
099 □	anti-football		【名】アンチフットボール	補）極端に守備を重視したサッカーの蔑称。「つまらない」と揶揄されることが多い。
100 □	rival	[ˈraɪvl]	【名】ライバル, 競争相手	関）rivalry 対抗意識, 対立状態

▶ 予想外のジャイアントキリング
an unexpected giant-killing

▶ 怪我のため出場できないだろう
will be unavailable due to the injury

▶ ヘディングで得点する
score with a header

▶ プレミアリーグでの最初のシーズン
the first season in the Premier League

▶ 試合後にクールダウンをする
cool down after the match

▶ 多くの得点機
a lot of goal-scoring opportunities

▶ 彼らは自陣でボールを保持しようと試みた。
They tried to keep possession in their own half.

▶ 準々決勝で敗退する
be knocked out in the quarter-final

▶ アンチフットボールを好む監督たちもいる。
There are managers who prefer anti-football.

▶ 彼らは長年のライバルを倒すことができなかった。
They couldn't beat their long-term rival.

サッカー英語 101〜110

101 □	**square the ball** 【フ】横パスをする	関）pass the ball forward 前方にパスをする
102 □	**run-up** [ˈrʌn ʌp] 【名】助走	関）without a run-up 助走なしで
103 □	**seesaw game** 【名】シーソーゲーム，一進一退の接戦	関）close game 接戦
104 □	**clever** [ˈklevə(r)] 【形】巧妙な，賢い	関）cunning ずる賢い，狡猾な
105 □	**no-look pass** 【名】ノールックパス	関）make a no-look pass ノールックパスをする
106 □	**opposite side** 【名】逆サイド	補）the other side で「逆サイド」を表現することもできる。
107 □	**season ticket** 【名】シーズンチケット	関）season ticket price シーズンチケットの価格
108 □	**squad** [skwɒd] 【名】選手団，チーム	補）squad はもともと「分隊」を表す言葉だが、「選手団」や「チーム」という意味でも使用される。
109 □	**role** [rəʊl] 【名】役割	関）exempt defensive roles 守備の役割を免除する
110 □	**play two upfront** 【フ】ツートップでプレーをする	補）upfront は「前線で」という意味の副詞である。

▶ 横パスをして前に走る
square the ball and go forward

▶ ボールを強く蹴るのに適切な助走
a proper run-up to kick the ball hard

▶ ワクワクするようなシーソーゲーム
an exciting seesaw game

▶ サイドバックの選手による巧妙な動き
a clever move from the full back

▶ ノールックパスでアシストをする
assist with a no-look pass

▶ 逆サイドへのロングパス
a long pass to the opposite side

▶ シーズンチケットの所持者たち
season ticket holders

▶ W杯の選手団を発表する
announce the World Cup squad

▶ 監督から特別な役割を与えられる
be given a special role by the manager

▶ 後半からツートップでプレーをする
play two upfront from the second half

サッカー英語 111～120

No.	単語	発音	意味	関連・補足
111 □	**dribble**	['drɪbl]	【動】ドリブルをする　【名】ドリブル	関）dribbler ドリブラー
112 □	**weaker foot**		【名】逆足	関）stronger foot 利き足
113 □	**lower body**		【名】下半身	関）lower body stability 下半身の安定感
114 □	**make a debut**		【フ】デビューをする	関）debut match デビュー戦
115 □	**cut in**		【フ】中に切り込む	関）Cut it out! いい加減にしろ！
116 □	**transition**	[træn'zɪʃn]	【名】(攻守の)切り替え	関）transition from A to B AからBへの切り替え
117 □	**give up**		【フ】諦める	補）When you give up, that's when the game is over. (諦めたらそこで試合終了だよ。)は至高の名言。
118 □	**drop**	[drɒp]	【動】下がる, 落ちる	関）drop deep 深いところまで下がる
119 □	**play**	[pleɪ]	【動】(監督が)～を起用する	関）play football サッカーをする
120 □	**finishing skill**		【名】決定力	補）直訳すると「仕上げの技術」という意味。その他、decisiveness という言葉でも表現できる。

▶ 速くドリブルをする方法を学ぶためのドリル
drills to learn how to dribble fast

▶ 彼にとって逆足を改善することは必要不可欠だ。
It is necessary for him to improve his weaker foot.

▶ あなたは自宅で下半身を鍛えることができる。
You can train your lower body at home.

▶ 19歳でデビューをする
make a debut at the age of 19

▶ 彼は利き足でシュートを打つために中に切り込んだ。
He cut in to hit the ball with his stronger foot.

▶ 攻撃から守備へのゆっくりな切り替え
the slow transition from attack to defence

▶ 最後の最後まで絶対に諦めない
never give up until the very end

▶ 彼女は自分のポジションに下がった。
She dropped to her own position.

▶ 監督は次の試合でその左サイドバックを起用するだろう。
The manager will play the left back in the next game.

▶ 乏しい決定力
poor finishing skill

サッカー英語 121〜130

121 □	**receive** [rɪ'siːv] 【動】～を受ける	関）warm reception 温かい歓迎, 厚遇
122 □	**division** [dɪ'vɪʒn] 【名】(リーグなどの)～部	補）出版時において、Jリーグには division 1 から 3 までがある。
123 □	**exercise** ['eksəsaɪz] 【名】運動　【動】体を動かす	関）physical exercises 体操
124 □	**top team** 【名】トップチーム, 一軍	関）senior national team A代表
125 □	**run at full speed** 【フ】全速力で走る	関）chase after ～ at full speed 全速力で～を追いかける
126 □	**round of 16** 【名】ベスト16の試合, ベスト8をかけた試合	関）the first round 1回戦
127 □	**give the ball away** 【フ】ボールを渡してしまう	補）選手がファンへプレゼントをあげる企画は giveaway と表現される。
128 □	**shoot** [ʃuːt] 【動】シュートを打つ	活）shoot - shot - shot
129 □	**be sent off** 【フ】退場させられる	関）receive a red card レッドカードを受ける
130 □	**half-volley** ['hɑːf vɒli] 【名】ハーフボレー	補）ボールが地面について、浮き上がってくる瞬間を叩くボレーのこと。

▶ ボックスの角でボールを受ける
receive the ball at the edge of the box

▶ 彼らは来シーズンは2部でプレーする。
They're going to play in the 2nd division next season.

▶ 穏やかな運動から始める
start with moderate exercise

▶ トップチームでプレーする機会を得る
get a chance to play in the top team

▶ そのセンターバックは全速力で走らなかった。
The centre back did not run at full speed.

▶ 初めてベスト16の試合に到達する
reach the round of 16 for the first time

▶ 彼は自陣でボールを渡してしまった。
He gave the ball away in his own half.

▶ できる限り多くシュートを打つことを試みた
tried to shoot as many times as possible

▶ 彼は相手を殴ったことで退場させられた。
He was sent off for hitting an opponent.

▶ 素晴らしいハーフボレー
a wonderful half-volley

サッカー英語 131～140

131 □	standing ovation		【名】大喝采, スタンディングオベーション	関）clap one's hands 拍手をする
132 □	dramatic	[drə'mætɪk]	【形】劇的な, ドラマチックな	関）What a dramatic win! なんという劇的な勝利だ！
133 □	upset	[ˌʌp'set]	【名】番狂わせ　【形】動揺した	関）cause an upset 番狂わせを起こす
134 □	comeback	['kʌmbæk]	【名】逆転	関）a goal to turn the game around 逆転ゴール
135 □	advance to ～		【フ】～へ進出する	関）advance to a high level 高いレベルまで上がる
136 □	underdog	['ʌndədɒg]	【名】格下, 勝ち目の薄い者	関）underdog charm 劣勢のチームに集まる同情や応援
137 □	semi-final	[ˌsemi 'faɪnl]	【名】準決勝	補）semi- にはラテン語で「半分の」という意味がある。
138 □	miss a penalty		【フ】PKを外す	関）costly penalty miss 手痛いPKの失敗
139 □	simulation	[ˌsɪmju'leɪʃn]	【名】シミュレーション, 装うこと	補）現代においては、データシミュレーションによる大会の結果予想が行われたりする。
140 □	gesture	['dʒestʃə(r)]	【名】身振り, ジェスチャー	関）hand gesture 手振り

▶ サポーターから大喝采を受ける
receive a standing ovation from supporters

▶ 劇的な試合の終わり
the dramatic end of the match

▶ カップ戦における番狂わせを経験する
experience a cup upset

▶ 奇跡的な逆転
a miraculous comeback

▶ 次のラウンドへ進出する
advance to the next round

▶ 王者が格下に打ち負かされた。
The champion team was beaten by the underdogs.

▶ 準決勝に進出する
progress to the semi-final

▶ PKを外すのは私にとって初めてでした。
It was my first time to miss a penalty.

▶ 不必要なシミュレーション
an unnecessary simulation

▶ 身振りによって意思疎通をする
communicate in gestures

サッカー英語 141〜150

141 □	**fast** [fɑːst] 【形】速い	関）You're talking too fast. 早口で話しすぎです。
142 □	**give a penalty** 【フ】PKを与える	関）award a penalty (審判が)PKを与える
143 □	**movement** [ˈmuːvmənt] 【名】動き	関）move around 動き回る
144 □	**keep-up** 【名】リフティング	補）keepy-uppy ともいう。ちなみに、lifting は「持ち上げること」を意味する語である。
145 □	**clear** [klɪə(r)] 【形】明らかな　【動】〜をクリアする	関）be 〜 points clear 勝ち点で〜の差がある
146 □	**offside trap** 【名】オフサイドトラップ	関）play the offside trap オフサイドトラップをする
147 □	**goal scorer** 【名】得点者, ゴールスコアラー	補）goalscorer や goal-scorer と綴られることもある。
148 □	**build-up** [ˈbɪld ʌp] 【名】組み立て, ビルドアップ	関）build up from the back 後方からビルドアップをする
149 □	**block** [blɒk] 【動】〜をブロックする　【名】ブロック	関）block a path to 〜 〜へのコースを塞ぐ
150 □	**stoppage time** 【名】終了間際の時間	補）電車やバスなどの「停車時間」という意味もある。

▶ 信じられないほど速い
unbelievably fast

▶ PKを与えるのを避ける必要がある。
We need to avoid giving a penalty.

▶ 優れたストライカーの動き
the movement of the elite striker

▶ リフティングの技術
keep-up skills

▶ あれはキーパーに対する明らかなファウルでした。
That was a clear foul on the goalkeeper.

▶ オフサイドトラップに引っかかる
be caught in the offside trap

▶ 得点者のリスト
the list of goal scorers

▶ 組み立ての段階において
in the build-up phase

▶ 見事にシュートをブロックする
block the shot superbly

▶ 終了間際の時間における劇的なシーン
a dramatic scene in stoppage time

サッカー英語 151〜160

151 □	**leadership** ['li:dəʃɪp] 【名】統率力, リーダシップ	関）under one's leadership 〜の統率のもとで
152 □	**powerful** ['paʊəfl] 【形】力強い	関）weak 弱い
153 □	**bottom corner** 【名】下隅	関）top corner 上隅
154 □	**rotation** [rəʊ'teɪʃn] 【名】起用順序, ローテション	補）ピッチ上でのポジションの入れ替えなど、選手の動きを表現するのにも使用される。
155 □	**early cross** 【名】アーリークロス	補）浅い位置から早いタイミングであげるクロスのこと。イメージはペナルティエリアの脇より自陣側。
156 □	**back post** 【名】奥側のポスト	関）near/far post 手前側/奥側のポスト
157 □	**added time** 【名】追加時間	補）2022年に行われたカタールW杯において、あまりに長い追加時間が話題になった。
158 □	**stop** [stɒp] 【動】〜を止める, 止まる	関）stop 〜 from doing 〜が…するのを妨げる
159 □	**instep** ['ɪnstep] 【名】インステップ, 足の甲	関）keep in step with 〜 〜と足並みを揃える
160 □	**on the ball** 【フ】ボール保持状態で	関）keep one's eyes on the ball ボールをよく見る

▶ その主将が統率力を示した。
The skipper displayed his leadership.

▶ 力強いヘディング
a powerful header

▶ シュートが下隅に入った。
The shot went into the bottom corner.

▶ 選手の起用順序について考える
think about player rotation

▶ 寸分の狂いもないアーリークロスを送る
deliver an inch-perfect early cross

▶ 奥側のポストへのクロス
a cross to the back post

▶ 7分の追加時間
7 minutes of added time

▶ その選手を止めるための唯一の方法
the only way to stop the player

▶ インステップシュートの基礎
the basics of instep shooting

▶ その中盤の選手はボール保持状態では素晴らしい。
The midfielder is excellent on the ball.

サッカー英語 161〜170

161 □	**attacking third** 【名】アタッキングサード, 攻撃の局面	補）attacking third は final third と同じエリアを示す言葉。
162 □	**national team** 【名】代表チーム	関）national anthem 国歌
163 □	**man-marking** 【名】マンマーク, 人につくこと	関）man-to-man defence 人につく守備
164 □	**support from 〜** 【フ】〜からのサポート	関）play a supporting part 補助的な役割を果たす
165 □	**practice** [ˈpræktɪs] 【動】〜の練習をする　【名】練習	関）Practice makes perfect. 継続は力なり。
166 □	**footwork** [ˈfʊtwɜːk] 【名】足さばき, フットワーク	関）have light footwork フットワークが軽い
167 □	**pitch condition** 【名】ピッチ状態	関）perform pitch maintenance ピッチのメンテナンスを行う
168 □	**lay-off** [ˈleɪ ɒf] 【名】落とし(のパス)	関）lay off 落とす
169 □	**beat** [biːt] 【動】〜を抜く, 〜を打ち負かす	関）beat the record 記録を打ち破る
170 □	**tactic** [ˈtæktɪk] 【名】戦術	関）tactical analysis 戦術分析

▶ アタッキングサードでの創造性
creativity in the attacking third

▶ 代表チームのためにプレーするのはとても光栄です。
I'm very honoured to play for the national team.

▶ マンマークのプレスを採用する
adopt a man-marking press

▶ 中盤の選手たちからのサポートを必要としていた。
He needed support from midfielders.

▶ 何時間もドリブルの練習をする
practice dribbling for hours

▶ 私は彼の素早い足さばきに驚かされました。
I was surprised at his quick footwork.

▶ 試合に先立ってピッチ状態をチェックする
check the pitch condition ahead of the game

▶ 落としのパスから攻撃を開始する
start the attack from a lay-off

▶ 簡単に3人のディフェンダーを抜く
beat three defenders easily

▶ ビッグゲームのための特別な戦術を提示する
present special tactics for the big game

サッカー英語 171～180

171 □	**distance**	['dɪstəns] 【名】距離	関）run a long distance 長距離を走る
172 □	**dirty**	['dɜːti] 【形】卑劣な，汚い	関）dirty joke 下品な冗談
173 □	**fair play**	【名】フェアプレー	補）サッカー界には Financial Fair Play というクラブの財政健全化を目指した規則がある。
174 □	**teamwork**	['tiːmwɜːk] 【名】チームワーク	関）team player チームプレーに徹する選手
175 □	**mark**	[mɑːk] 【動】～をマークする	関）find one's marker マークする選手を見つける
176 □	**trick**	[trɪk] 【名】技	関）be tricked 騙される
177 □	**preseason**	[ˌpriː'siːzn] 【形】シーズン前の，プレシーズンの	関）during the season シーズン中に
178 □	**throw-in**	['θrəʊ ɪn] 【名】スローイン	関）throw a ball up into the air ボールを空中に投げる
179 □	**rebound**	[rɪ'baʊnd] 【名】跳ね返り，こぼれ球，リバウンド	補）rebound は「跳ね返る」という意味の動詞でも使用する。
180 □	**play for a draw**	【フ】引き分け狙いでプレーをする	関）play for 3 points 勝ち点3を狙ってプレーする

▶ 2人の選手間の距離
the distance between the two players

▶ 卑劣なタックルをする
make a dirty tackle

▶ フェアプレーの精神を養う
cultivate a spirit of fair play

▶ 番狂わせを引き起こすための鍵はチームワークである。
Teamwork is the key to cause an upset.

▶ そのストライカーをマークするのはとても難しい。
It's very hard to mark the striker.

▶ 使えない技
a useless trick

▶ その人気クラブがシーズン前のツアーを始めた。
The popular club began their preseason tour.

▶ スローインの練習をする
practice taking a throw-in

▶ 跳ね返りから得点する
score from a rebound

▶ 彼らは明らかに引き分け狙いでプレーをしている。
Obviously, they are playing for a draw.

Additional Time 2　サッカー関係の略語

現代においては、インターネット上で様々な略語が使用されています。IDK が I don't know であったり、TBH が to be honest であったりするのは聞いたことがあるかもしれません。最近では学校の英語の教科書も、この手の話題を扱うようになっていますが、まだまだ浸透していない部分が多いと思います。今回のコラムではサッカーの話題を扱う際に使用される略語の中から、代表的なものをリストアップしてみました。略語自体は知っているけど、省略されていない形を知らないというものもあると思いますので、ここで確認しておきましょう。

□ **FIFA**　国際サッカー連盟
International Federation of Association Football

□ **UEFA**　欧州サッカー連盟
Union of European Football Associations

□ **IFAB**　国際サッカー評議会
International Football Association Board

□ **FA**　サッカー協会
Football Association

□ **JFA**　日本サッカー協会
Japan Football Association

□ JFL　日本サッカーリーグ
Japan Football League

□ AFC　アジアサッカー連盟
Asian Football Confederation

□ GOAT　史上最高
Greatest of All Time　※ goat には「ヤギ」という意味もある。

□ POTM　プレイヤー・オブ・ザ・マッチ
Player of the Match　※当該試合で最も活躍した選手

□ TOTW　チーム・オブ・ザ・ウィーク
Team of the Week　※当該週に活躍した選手で作るチーム

□ GLT　ゴールライン・テクノロジー
Goal-Line Technology

□ VAR　ビデオ・アシスタント・レフェリー
Video Assistant Referee

□ OFR　オンフィールド・レビュー
On-Field Review

Memo

第3節
サッカー英語 181～270

Section 3
Football English 181-270

■ サッカー界の名言 #03

I learned all about life with a ball at my feet.

自分は足元のボールとともに、人生のすべてを学んだ。

Ronaldinho / ロナウジーニョ

サッカー英語 181〜190

181 □	**be in a good position** 【フ】良いポジションにいる	補）position の部分を spot に言い換えることもできる。
182 □	**delay** [dɪˈleɪ] 【動】〜を遅らせる　【名】遅延	関）delay the offside flag オフライドの旗を遅らせる
183 □	**scorpion kick** 【名】スコーピオンキック	補）前方に倒れ込みながら、かかとやアウトサイドでボールを蹴る技のことを指す。
184 □	**defence** [dɪˈfens] 【名】守備, ディフェンス	補）defense ではなく defence と綴るのがイギリス式。
185 □	**core training** 【名】体幹トレーニング	関）inner muscle インナーマッスル, 深層筋
186 □	**disallow** [ˌdɪsəˈlaʊ] 【動】〜を取り消しにする, 〜を却下する	補）VAR が導入されてから、ゴールが取り消しになるシーンが増えた。
187 □	**counter-attack** [ˈkaʊntər ətæk] 【名】カウンター攻撃	関）counter pressing ボールを失った直後のプレス
188 □	**fight** [faɪt] 【動】戦う　【名】けんか	補）頑張って欲しい選手に「ファイト！」と言うのは日本人だけ。
189 □	**physical contact** 【名】体の接触	関）avoid physical contact 体の接触を避ける
190 □	**lob shot** 【名】ループシュート	関）daisy cutter 地を這うシュート

▶ そのアンカーは良いポジションにいた。
The anchor was in a good position.

▶ 攻撃を遅らせる
delay the attack

▶ スコーピオンキックを試みる
attempt a scorpion kick

▶ 守備の目的を理解する
understand the purpose of defence

▶ 体幹トレーニングに多くの時間を費やす
spend a lot of time on core training

▶ ゴールを取り消しにする
disallow the goal

▶ カウンター攻撃で
on the counter-attack

▶ 強いチームと戦う
fight against the strong team

▶ 体の接触なしでボールを奪い返す
win the ball back without any physical contact

▶ 繊細なループシュートで得点をする
score with a delicate lob shot

サッカー英語 191～200

191 □	**away** [ə'weɪ] 【形】アウェイの　【副】遠くへ	関）away game 敵地での試合
192 □	**golden boot** 【名】得点王, ゴールデンブート	補）多くのリーグで得点王には黄金のスパイクが贈られることから、このような名称になっている。
193 □	**standing foot** 【名】軸足	関）kicking foot 蹴り足
194 □	**make space** 【フ】スペースを作る	関）create space スペースを作り出す
195 □	**respect** [rɪ'spekt] 【動】～に敬意を払う, ～を尊敬する	関）show respect 敬意を示す
196 □	**technique** [tek'niːk] 【名】テクニック	関）technical 技術的な
197 □	**knockout stage** 【名】トーナメント戦	関）group stage グループステージ, リーグ戦
198 □	**return pass** 【名】リターンパス	関）return to training トレーニングに戻ってくる
199 □	**super sub** 【名】スーパーサブ, 期待できる交代選手	関）substitute 交代選手
200 □	**long-range shot** 【名】長い距離のシュート	補）range には「距離」や「範囲」という意味がある。

▶ アウェイのファンの数
the number of away fans

▶ 得点王の獲得者と写真を撮る
take a picture with the golden boot winner

▶ 彼はしっかりと軸足を置いた。
He placed his standing foot firmly.

▶ スペースを作るために相手を引き付ける
attract an opponent in order to make space

▶ 関係者全員に敬意を払うことは重要だ。
It's important to respect everyone involved.

▶ 一流のテクニックを持ち合わせている
possess first-class techniques

▶ トーナメント戦に進出する
advance to the knockout stage

▶ リターンパスを受ける
get a return pass

▶ ベンチにスーパーサブを置いておく
keep a super sub on the bench

▶ 長い距離のシュートを打つ
take a long-range shot

サッカー英語 201〜210

201 □	**drop kick** 【名】ドロップキック	補）ドロップキックとはキーパーが手で保持しているボールを地面でバウンドさせて蹴ることをいう。
202 □	**career** [kə'rɪə(r)] 【名】経歴, キャリア	補）発音とアクセントに注意。
203 □	**knuckle shot** 【名】無回転シュート, ブレ球	補）無回転シュートは knuckleball と表現されることもある。
204 □	**body balance** 【名】ボディバランス	関）mental balance 精神の安定
205 □	**award** [ə'wɔːd] 【名】賞　【動】〜を与える	関）attend an award ceremony 授賞式に出席する
206 □	**cushion** ['kʊʃn] 【動】〜をクッションコントロールする	関）cushion the impact 衝撃を和らげる
207 □	**utility player** 【名】複数ポジションがこなせる選手	関）utility bill 公共料金
208 □	**style** [staɪl] 【名】(プレーの)方法, スタイル	関）change one's style プレーの方法を変える
209 □	**offence** [ə'fens] 【名】攻撃, オフェンス	関）No offence. 悪気はないんだ。
210 □	**big game player** 【名】大舞台に強い選手	関）score a goal when needed 必要なときにゴールを決める

▶ ドロップキックのやり方
how to do a drop kick

▶ 素晴らしい経歴を持っている
have a wonderful career

▶ 無回転シュートの指導を行う
give a knuckle shot tutorial

▶ 常軌を逸したボディバランスを持っている
have insane body balance

▶ 個人賞のすべてを獲得する
win all the individual awards

▶ そのアンカーは左足でボールをクッションコントロールした。
The anchor cushioned the ball with his left foot.

▶ 複数ポジションがこなせる選手として知られている
be known as a utility player

▶ 効果的なプレーの方法を選ぶ
choose an effective playing style

▶ 攻撃は最大の防御。
The best defence is a good offence.

▶ 大舞台に強い選手に頼る
count on the big game player

サッカー英語 211〜220

No.	単語	発音	意味	補足
211 □	**distribution**	[ˌdɪstrɪˈbjuːʃn]	【名】配球	関）distribute 〜を配球する
212 □	**middle**	[ˈmɪdl]	【名】真ん中, 中央	補）海外では first name と family name の間に middle name を持っている人も多い。
213 □	**assist king**		【名】アシスト王	関）assist ranking アシストランキング
214 □	**kick-off**	[ˈkɪk ɒf]	【名】キックオフ	関）lunchtime kick-off 昼間のキックオフ
215 □	**handshake**	[ˈhændʃeɪk]	【名】握手	関）shake hands with 〜 〜と握手をする
216 □	**side net**		【名】サイドネット	補）内側も外側も「サイドネット」と表現されるので、少しややこしい。
217 □	**roulette**	[ruːˈlet]	【動】ルーレットをする　【名】ルーレット	補）サッカー界において、マルセイユ・ルーレットは最も有名な技の1つ。
218 □	**spin**	[spɪn]	【名】回転　【動】〜を回転させる	関）spin fast 高速で回転する
219 □	**miss the target**		【フ】枠を外す	関）miss the chance チャンスを逃す
220 □	**drop points**		【フ】勝ち点を落とす	補）引き分けに持ち込める試合で負けた場合は drop a point となる。

▶ ゴールキーパーの完璧なボールの配球
the goalkeeper's perfect ball distribution

▶ 真ん中から攻撃をする
attack from the middle zone

▶ アシスト王になる
become an assist king

▶ キックオフは今夜9時である。
The kick-off is at 9 o'clock tonight.

▶ 握手を拒否する
reject a handshake

▶ 彼女はシュートをサイドネットに入れた。
She hit her shot into the side net.

▶ 美しくルーレットをしてディフェンダーを抜き去る
beautifully roulette past the defender

▶ ボールの回転を見極める
measure the spin on the ball

▶ めったに枠を外さない
rarely miss the target

▶ そのホームでの試合では勝ち点を落とせない
cannot drop points in the home game

サッカー英語 221～230

221 □	**first touch** 【名】ファーストタッチ	関）silky touch なめらかなタッチ
222 □	**option** [ˈɒpʃn] 【名】選択肢,（システム変更などの）オプション	関）offer an option 選択肢を与える
223 □	**club icon** 【名】クラブを象徴する存在	関）icon for children 子供たちのアイドル
224 □	**in a dangerous manner** 【フ】危険な方法で	関）well-mannered 行儀の良い, 礼儀をわきまえた
225 □	**panic** [ˈpænɪk] 【動】慌てる　【名】パニック	関）be in a panic パニックになっている
226 □	**be booked for ～** 【フ】～に対して警告を受ける	関）booking 警告
227 □	**keep the pressure on** 【フ】プレッシャーをかけ続ける	関）keep on attacking 攻め続ける
228 □	**unsung hero** 【名】陰の立役者, 縁の下の力持ち	補）直訳すると「歌われない英雄」という意味。
229 □	**physically strong** 【フ】フィジカルが強い	関）athletic アスリートらしい, 体の強い
230 □	**be in play** 【フ】（ボールが）インプレーの状態である	関）be back in play インプレーに戻っている

▶ 素晴らしいファーストタッチ
an awesome first touch

▶ その選手には多くの選択肢があった。
There were many options for the player.

▶ クラブを象徴する存在の衝撃的な移籍
the shocking transfer of the club icon

▶ 君たちは危険な方法でプレーをすべきではない。
You should not play in a dangerous manner.

▶ ボールを持っているときに慌てるな。
Don't panic on the ball.

▶ 彼女はタックルに対して警告を受けた。
She was booked for her tackle.

▶ 常にプレッシャーをかけ続ける
always keep the pressure on

▶ 勝利の陰の立役者
the unsung hero for the win

▶ そのセンターバックはフィジカルが強い。
The centre back is physically strong.

▶ 明らかにボールはインプレーの状態であった。
Clearly, the ball was in play.

サッカー英語 231〜240

231 □	**plan B** 【名】2つ目の作戦, 別の手段	関）backup plan 代替計画
232 □	**be booed** 【フ】ブーイングをされる	関）booing ブーイング
233 □	**goal celebration** 【名】ゴールセレブレーション	関）celebrate one's goal 〜のゴールを祝福する
234 □	**leave the club** 【フ】クラブを去る	活）leave - left - left
235 □	**timing** [ˈtaɪmɪŋ] 【名】タイミング	関）adjust the timing タイミングを合わせる
236 □	**pinpoint pass** 【名】ピンポイントパス	関）passing accuracy パスの正確さ
237 □	**regulation** [ˌregjuˈleɪʃn] 【名】規則	関）regulate 〜を規定する
238 □	**be promoted** 【フ】昇格する	関）promotion 昇格
239 □	**bumpy** [ˈbʌmpi] 【形】でこぼこな	関）flat 平らな
240 □	**shove** [ʃʌv] 【動】〜を小突く, 〜を押す	関）have a skirmish with 〜 〜と小競り合いをする

▶ 私はいつも2つ目の作戦を持っておきます。
I always have a plan B in my mind.

▶ 監督と選手たちが観衆からブーイングをされた。
The manager and players were booed by the crowd.

▶ 皆が彼の象徴的なゴールセレブレーションを気に入っている。
Everyone loves his iconic goal celebration.

▶ 1ヶ月もせずにでクラブを去る
leave the club in a month

▶ タイミングが本当に重要だ。
Timing is really important.

▶ ピンポイントパスを届ける
deliver a pinpoint pass

▶ 試合規則をよく知っている
be familiar with the match regulations

▶ 私たちのお気に入りのクラブが1部に昇格した。
Our favorite club was promoted to the 1st division.

▶ でこぼこなサッカーのピッチ
a bumpy football pitch

▶ 相手を小突いて地面に倒す
shove the opponent to the ground

サッカー英語 241〜250

241 □	**call**	[kɔːl]	【名】判定	関）good/bad call 良い/悪い判定, 決定
242 □	**wear**	[weə(r)]	【動】～を着る, ～をすり減らす	関）My socks are worn out. ソックスが擦り切れている。
243 □	**injury time**		【名】(治療による)追加時間	補）特に「怪我の治療による追加時間」というニュアンスで使用される。
244 □	**crossbar**	[ˈkrɒsbɑː(r)]	【名】クロスバー	補）crossbar ではなく、単純に bar と表現されることも多い。
245 □	**overage player**		【名】オーバーエイジの選手	補）オリンピックのサッカーは23歳以下の選手で行われているが、3名までは overage player を登録できる。
246 □	**carry the ball**		【フ】ボールを運ぶ	補）一般的な状況では「物事を率先してやる」という意味でも使用される。
247 □	**wide position**		【名】外側のポジション	関）fringe player サイドの選手
248 □	**lefty**	[ˈlefti]	【形】左利きの	関）left-footed 左利きの
249 □	**slip**	[slɪp]	【名】スリップ, 滑り　【動】滑る	関）We won't let this slip! この機会を逃さないぞ！
250 □	**mistake**	[mɪˈsteɪk]	【名】ミス　【動】～を取り違える	関）howler 大失敗, ヘマ

▶ 歴史上最悪の判定
the worst call in history

▶ 慈善試合のために特別なユニフォームを着る
wear a special kit for the charity match

▶ 治療による追加時間は長くなるだろう。
The injury time will be longer.

▶ クロスバーに当たる
hit the crossbar

▶ 信頼できるオーバーエイジの選手を選ぶ
select a reliable overage player

▶ 前方にボールを運ぶ
carry the ball forward

▶ 外側のポジションでプレーをする
play in the wide position

▶ 左利きのストライカーを呼び入れる
bring in a lefty striker

▶ 私は複数回のスリップの後にスパイクを変えました。
I changed my boots after a couple of slips.

▶ 1つのミスで試合を落としてしまった。
One mistake cost the match.

サッカー英語 251〜260

251 □	**unstoppable** [ʌn'stɒpəbl] 【形】止めることができない	関）cannot stop the winger そのウィンガーを止められない
252 □	**rondo** ['rɒndəʊ] 【名】鳥かご, ロンド	補）「シュートを除いて、試合で起こるすべてのことはロンドで体験できる」という名言がある。
253 □	**isolated** ['aɪsəleɪtɪd] 【形】孤立した	関）isolation 孤立
254 □	**save one's energy** 【フ】体力を温存する	補）サッカーシーンにおいては、save one's legs も同じような意味で使用される。
255 □	**cross-field pass** 【名】逆サイドへのパス, サイドチェンジのパス	関）I'll keep my fingers crossed. 成功を祈ってる。
256 □	**be out of play** 【フ】(ボールが)外にある, アウトプレーである	関）go out of play (ボールが)アウトプレーになる
257 □	**victory** ['vɪktəri] 【名】勝利	関）feel one's obsession for victory 勝利への執念を感じる
258 □	**net** [net] 【動】ネットを揺らす　【名】ネット	補）「ネットを揺らす」とは「ゴールを決める」ということで、サイドネットなどは含まれない。
259 □	**ball winner** 【名】ボールを勝ち取る選手	関）emotional pillar 精神的支柱
260 □	**follow-through** ['fɒləʊ θru:] 【名】フォロースルー, 蹴った後の足の振り	関）shooting stance シュートの構え, 姿勢

▶ そのアタッカーは1対1では止めることができない。
The attacker is unstoppable one-on-one.

▶ 鳥かごでたくさんのことを学ぶ
learn a lot of things in a rondo

▶ 孤立した9番の選手を気の毒に思う
feel sorry for the isolated number 9

▶ 私はただ後半のために体力を温存してただけだ。
I was just saving my energy for the second half.

▶ 正確な逆サイドへのパスを送る
send an accurate cross-field pass

▶ ボールが外にある間に準備をしろ！
Get ready when the ball is out of play!

▶ 私たちはそのとき、勝利を確信していました。
We were sure of our victory at that time.

▶ そのストライカーは前半ですでに2回ネットを揺らしている。
The striker has already netted twice in the first half.

▶ チームのために一生懸命にボールを勝ち取る選手
a ball winner who works hard for the team

▶ フォロースルーで相手を蹴る
kick the opponent on the follow-through

サッカー英語 261〜270

261 □	**release**	[rɪ'liːs] 【動】〜を放す	関）news release 報道発表
262 □	**height**	[haɪt] 【名】身長，高さ	関）weight 体重，重さ
263 □	**dark horse**	【名】ダークホース，予想外の実力を持つ競争者	関）It's getting dark. 暗くなってきた。
264 □	**penalty shootout**	【名】PK戦	関）extra time 延長(戦)
265 □	**loan**	[ləʊn] 【動】〜をローンで出す，〜を貸す	関）join the team on loan ローンでそのチームに加わる
266 □	**lift the trophy**	【フ】トロフィーを掲げる	補）lift はイギリス英語で「エレベーター」という意味もある。
267 □	**opening goal**	【名】先制点	関）opener 先制点
268 □	**weekend match**	【名】週末の試合	関）weekday match 平日の試合
269 □	**talent**	['tælənt] 【名】才能	関）talented 才能のある
270 □	**sliding tackle**	【名】スライディングタックル	関）slide 滑る，滑らかに動く

▶ そのストライカーはボールを放さなかった。
The striker didn't release the ball.

▶ チームの平均身長
the average height of the team

▶ 記者会見でダークホースについて話す
talk about the dark horse in the press conference

▶ PK戦の末に
after a penalty shootout

▶ 他国に何人もの選手をローンで出す
loan several players to foreign countries

▶ 初めてトロフィーを掲げる
lift the trophy for the first time

▶ ストライカーによる先制点
an opening goal scored by the striker

▶ まだ週末の試合まで時間がある
still have time until the weekend match

▶ 世代を代表する才能を持っている
have once-in-a-generation talent

▶ 史上最高のスライディングタックル
the best sliding tackle ever

Additional Time 3　審判に関する英語

審判は、試合の公平さと正当性を確保するために重要な役割を果たしています。その審判と良いコミュニケーションを取ることは、お互いをリスペクトするという観点で必要不可欠なだけでなく、試合を優位に進めるためのテクニックの一つでもあるはずです。実際に、2004年のアジアカップ準々決勝においては、当時の日本代表主将だった宮本恒靖が審判に This is not fair. You should change the side.（これは公平じゃない。サイドを変えるべきだ。）とPK戦のサイド変更を要求したことで、絶体絶命の状況から息を吹き返すことができたと言われています。以下の語彙やフレーズをしっかりと覚えて、円滑なコミュニケーションが取れるように準備をしておきましょう。

□ Again!
もう1回！

□ blow the whistle
笛をふく

□ dangerous
危険な

□ decision
判定，決定

□ delay the restart
プレーの再開を遅らせる

□ deliberately
故意に

□ Don't be a time waster!
時間稼ぎしないで！

□ excessive force
過剰な力

□ Flag is up.
旗が上がっている。

□ foul on ～
～に対するファウル

□ foul throw
ファウルスロー

□ give a caution to ～
～に注意を与える

- have a good view of 〜
 〜がよく見えている

- high foot/boot
 ハイキック

- hold
 〜を抑える，〜を抱え込む

- It's a clear foul!
 明らかなファウルだよ！

- It's not yours!
 相手ボールだよ！

- Keep playing!
 プレーを続けて！

- late tackle
 遅れたタックル

- obstruct
 〜を妨害する

- offside
 オフサイド（の，で）

- onside
 オンサイド（の，で）

- out of the referee's line of sight
 審判の視野の外で

- Play on!
 プレーオン！

- push
 〜を押す

- review
 〜を確認する

- run back from an offside position
 オフサイドの位置から戻ってくる

- show one's studs
 足裏を見せる

- spit
 唾を吐く

- Stand behind this line!
 この線より下がって！

- Step out!
 どいて！

- toss a coin
 コインをトスする

- trip
 〜の足をかける

- two-footed tackle
 両足タックル

- unsporting behaviour
 非紳士的行為

- vanishing/referee spray
 バニシングスプレー

Memo

第 4 節
サッカー英語 271〜360

Section 4
Football English 271-360

■ サッカー界の名言 #04

Football is played with the head. Your feet are just the tools.

サッカーは頭でプレーするものだ。足はただの道具に過ぎない。

Andrea Pirlo / アンドレア・ピルロ

サッカー英語 271〜280

No.	単語	発音	意味	補足・関連
271 □	**matchweek**		【名】第〜節	関）the last game of the season 最終節
272 □	**joint top**		【名】同率トップ	補）joint には「関節」や「〜を継ぎ合わせる」という意味もある。
273 □	**turn**	[tɜːn]	【名】ターン　【動】ターンをする	関）turn the game around 試合をひっくり返す
274 □	**one-on-one defending**		【名】対人守備，1対1の守備	関）one-on-one specialist 1対1に強い選手
275 □	**back-heel**	[ˌbæk ˈhiːl]	【名】ヒールキック	補）「ヒールキック」は和製英語なので使用しないこと。
276 □	**deep cross**		【名】深いクロス	補）ゴールライン際かつファーサイドに蹴るクロスのこと。
277 □	**drive**	[draɪv]	【名】縦回転(シュート)　【動】〜を強打する	関）low drive 低弾道シュート
278 □	**risky**	[ˈrɪski]	【形】危険を伴う，リスクのある	関）take a risk リスクを取る
279 □	**keep the ball in play**		【フ】ボールを残す	関）keep the ball rolling 物事の順調な進行を保つ
280 □	**friendly match**		【名】親善試合，フレンドリーマッチ	関）practice match 練習試合

▶ 第5節の記録
the report for matchweek 5

▶ 2チームが同率トップである。
Two teams are joint top.

▶ 中央での鋭いターン
a sharp turn in the middle

▶ 対人守備に定評がある
have a reputation for one-on-one defending

▶ 素晴らしいヒールキック
a brilliant back-heel

▶ 深いクロスをバシンと入れる
whip in a deep cross

▶ 縦回転シュートで同点にする
equalise with a drive shot

▶ キーパーからの危険を伴うパス
a risky pass from the goalkeeper

▶ ボールを残すためにスライディングをする
slide to keep the ball in play

▶ 国際親善試合
an international friendly match

サッカー英語 281〜290

281 □	**world-class** [ˌwɜːld ˈklɑːs] 【形】世界レベルの, ワールドクラスの	関）worldie とんでもないゴール
282 □	**like a pinball** 【フ】ピンボールのように	補）ゴール前の混戦などで、ボールが激しく動いたときに、その動きを例えるために使用する。
283 □	**overlap** [ˌəʊvəˈlæp] 【動】外側から追い越す, オーバーラップをする	関）overlapping run オーバーラップするための走り
284 □	**curl** [kɜːl] 【動】巻いたシュートを打つ	関）curler 巻いたシュート
285 □	**intensity** [ɪnˈtensəti] 【名】プレー強度, インテンシティー	関）high/low intensity 高い/低いプレー強度
286 □	**performance** [pəˈfɔːməns] 【名】出来栄え, パフォーマンス	関）perform 〜を実行する
287 □	**solid** [ˈsɒlɪd] 【形】堅実な, 頼りになる	関）solid information about 〜 〜についての確かな情報
288 □	**step over** 【名】またぎフェイント, シザース	補）その他の技として、flip-flap「エラシコ」や rabona「ラボーナ」も合わせて覚えておきたい。
289 □	**quick restart** 【名】素早い再開, クイックリスタート	関）prevent a quick restart 素早い再開を妨げる
290 □	**reserve team** 【名】控えのチーム, 二軍	関）reserve player 控えの選手

▶ 彼は世界レベルのミッドフィルダーだ。
He is a world-class midfielder.

▶ ピンボールのようにボールが動いていた。
The ball was moving around like a pinball.

▶ 全速力で外側から追い越す
overlap at full speed

▶ 上隅に巻いたシュートを打つ
curl into the top corner

▶ 試合におけるプレー強度
the intensity of the game

▶ 最高のチームの出来栄え
the best team performance

▶ 堅実な守備のおかげで
thanks to the solid defence

▶ またぎフェイントでディフェンダーをかわす
beat the defender with a step over

▶ ゴールにつながった素早い再開
the quick restart that led to the goal

▶ 控えのチームで試合に勝利する
win the game with a reserve team

291 □	**selfish** ['selfɪʃ] 【形】自己中心的な	関）egoistic striker 自分本位のストライカー
292 □	**shot from distance** 【名】遠い位置からのシュート	関）shot from close range 近い位置からのシュート
293 □	**lose the dressing room** 【フ】（監督が選手からの）信頼を失う	関）changing room 更衣室
294 □	**zip down** 【フ】ファスナーを開ける	関）zip up ファスナーを閉める
295 □	**headbutt** ['hedbʌt] 【名】頭突き，ヘッドバット	関）slap 〜にビンタをする
296 □	**give-and-go** 【名】パスからの動き出し	関）give it a go 試しにやってみる
297 □	**take a long throw** 【フ】ロングスローをする	補）かつてプレミアリーグでロリー・デラップというロングスローの名手がプレーをしていた。
298 □	**matchday** 【名】試合日	関）matchday vibes 試合日の雰囲気，気持ち
299 □	**academy** [ə'kædəmi] 【名】下部組織，育成組織	補）長期的に成功しているクラブの多くはアカデミーでの育成に力を注いでいる場合が多い。
300 □	**result** [rɪ'zʌlt] 【名】結果	関）result in 〜 結果として〜となる

▶ 彼女は自己中心的なプレーで批判された。
She was criticised for her selfish play.

▶ 左足での遠い位置からのシュート
a left-footed shot from distance

▶ その監督は完全に信頼を失った。
The manager completely lost the dressing room.

▶ 控えの選手が保温着のファスナーを開けた。
The substitute zipped down his tracksuit.

▶ 頭突きに対してレッドカードを受ける
receive a red card for a headbutt

▶ 狭いエリアでのパスからの動き出し
a give-and-go in the tight area

▶ ロングスローをするためにタオルでボールを拭く
wipe the ball with a towel to take a long throw

▶ 試合日の習慣を持っている
have a matchday routine

▶ 下部組織出身の選手がトップチームでデビューした。
The academy graduate made a first team debut.

▶ とてもがっかりする結果でした。
It was a very disappointing result.

サッカー英語 301～310

301 □	**bench** [bentʃ] 【動】～を控えにおく　【名】ベンチ	関）keep ～ on the bench ～を控えにとどめる
302 □	**catch one's breath** 【フ】呼吸を整える	関）inhale / exhale 息を吸う / 息を吐く
303 □	**attack from wide areas** 【フ】サイドから攻める	関）delivery from wide areas サイドからのボールの供給
304 □	**diving header** 【名】ダイビングヘッド	関）diving save 横っ飛びセーブ
305 □	**pass forward** 【フ】前方にパスをする	補）「くさびのパス」に対応する英語が見つからないため、pass forward で代用したい。
306 □	**long-ball game** 【名】ロングボール中心の試合	関）send a long ball ロングボールを送る
307 □	**effort** ['efət] 【名】努力, シュートの試み	関）effortlessly 難なく, 余裕で
308 □	**team goal** 【名】チームプレーで取ったゴール	関）team up for ～ ～のために団結する
309 □	**pick up the second ball** 【フ】セカンドボールを拾う	関）I'll pick you up at the stadium. スタジアムまで迎えに行くよ。
310 □	**last-minute** [ˌlɑːst ˈmɪnɪt] 【形】終了間際の	関）last-minute substitution 終了間際の交代

▶ なぜ監督が主将を控えにおいたのかわからない。
I don't know why the manager benched the skipper.

▶ まず呼吸を整えさせて。
Let me catch my breath first.

▶ 効果的にサイドから攻める
effectively attack from wide areas

▶ 素晴らしいダイビングヘッド
a stunning diving header

▶ 勇敢にも前方にパスをする
bravely pass forward

▶ ワクワクするロングボール中心の試合
an exciting long-ball game

▶ 向上しようと努力をする
make efforts to improve

▶ チームプレーで取ったゴールを盛大に祝う
celebrate a team goal splendidly

▶ 中盤でセカンドボールを拾う
pick up the second ball in the midfield

▶ 終了間際の同点弾
a last-minute equaliser

サッカー英語 311〜320

311 □	**side** [saɪd] 【名】〜側, チーム, サイド	関）sit on the bench side by side ベンチに並んで座る
312 □	**lad** [læd] 【名】お前, 少年, 青年, 仲間	補）lad は「少年」や「青年」を表すイギリス英語で、サッカーシーンではよく使用される。
313 □	**tailwind** [ˈteɪlwɪnd] 【名】追い風	関）wag one's tail 尻尾を振る, 媚を売る
314 □	**lose one's balance** 【フ】バランスを崩す	関）keep one's balance バランスを保つ
315 □	**stamp** [stæmp] 【名】踏みつけ　【動】〜を踏みつける	関）lunge (足による)突き, 突進
316 □	**fist pump** 【名】ガッツポーズ	関）pump one's fist ガッツポーズをする
317 □	**defensive rock** 【名】鉄壁	関）pivot of the attack 攻撃の要
318 □	**flat** [flæt] 【形】空気が抜けた, 平らな	補）flatmate には「同じアパートに住んでいる人」という意味がある。
319 □	**deflection** [dɪˈflekʃn] 【名】ディフレクション, 方向が急激に逸れること	関）deflect 方向が急激に逸れる
320 □	**bullet header** 【名】弾丸ヘッド	関）bullet shot 弾丸シュート

▶ ホーム側がリードをしている。
The home side is taking the lead.

▶ しっかりしようぜ、お前ら！
Come on, lads!

▶ 強い追い風を受ける
receive a strong tailwind

▶ 彼はドリブルをしていてバランスを崩した。
He lost his balance while dribbling.

▶ 対戦相手への踏みつけによって退場となる
be sent off for the stamp on the opponent

▶ サポーターに向けてガッツポーズをする
give a big fist pump to the supporters

▶ そのセンターバックは鉄壁だった。
The centre back was a defensive rock.

▶ このボールは空気が抜けている。
This ball is flat.

▶ 大きなディフレクション
a huge deflection

▶ 弾丸ヘッドでクロスバーを叩く
strike the crossbar with a bullet header

サッカー英語 321〜330

321 □	**keep a clean sheet** 【フ】無失点を保つ	補）無失点に抑えると、サッカーのスコアシートがクリーンな状態であることから使用される表現。
322 □	**meet the cross** 【フ】クロスに合わせる	関）meet one's rival in the final 決勝でライバルと対戦する
323 □	**off the ball** 【フ】オフザボール(の), ボールのない状態で	関）take one's eyes off the ball ボールから目を離す
324 □	**block the goalkeeper's view** 【フ】ゴールキーパーの視界を遮る	補）セットプレーの際にゴールキーパーの視界を遮るのは常套手段。
325 □	**underside of the bar** 【名】バーの下側	関）topside 上側
326 □	**heat up** 【フ】熱くなる, 緊迫する	関）heated game 熱戦
327 □	**slow starter** 【名】本調子になるのが遅いチーム, 選手	関）Wake up, lads! お前ら、目を覚ませ！
328 □	**middle-range shot** 【名】ミドルシュート	補）middle-range には「中距離の」という意味がある。
329 □	**goal-scoring machine** 【名】ゴール量産機	補）あまりにずば抜けた選手に対して「異星人」という意味の alien を使うこともある。
330 □	**do well** 【フ】上手くやる, よくやる	関）make a good job 良い仕事をする, 上手くやる

▶ 無失点を保つのに失敗する
fail to keep a clean sheet

▶ クロスに合わせる選手がボックス内に誰もいなかった。
No one was in the box to meet the cross.

▶ オフザボールの動きを教えるドリル
a drill to teach off the ball movements

▶ オフサイドの位置でゴールキーパーの視界を遮る
block the goalkeeper's view in an offside position

▶ バーの下側に当たる
hit the underside of the bar

▶ レッドカードの後、何人かの選手は熱くなった。
Some players heated up after the red card.

▶ 本調子になるのが遅いチームとなる傾向にある
tend to be a slow starter

▶ その力強いミドルシュートは枠を捉えていた。
The powerful middle-range shot was on target.

▶ 無慈悲なゴール量産機
a ruthless goal-scoring machine

▶ ボールを取り返すために上手くやる
do well to get the ball back

サッカー英語 331〜340

331 □	**derby** ['dɑːbi] 【名】ダービー	補）ダービーとは、同一地域に本拠地をおくチーム同士の対戦のこと。
332 □	**work on 〜** 【フ】〜の向上に努める，〜に取り組む	関）I'm working on it. それに取り掛かっています。
333 □	**second-last opponent** 【名】後方から2番目の相手選手	補）オフサイドのラインについて考える際に使用される言葉。
334 □	**strategy** ['strætədʒi] 【名】戦略	補）ピッチでの「戦術」は tactic、クラブ経営などの「戦略」は strategy という違いも覚えておきたい。
335 □	**sore loser** 【名】負け惜しみを言うような人	関）sore ひりひりする，腹を立てた
336 □	**international break** 【名】国際試合のための休止期間	関）international duty 代表チームの仕事，役割
337 □	**deserve** [dɪ'zɜːv] 【動】〜に値する	補）You deserve it! は「よく頑張ったね！」や「ざまあみろ！」という意味になる。
338 □	**brace** [breɪs] 【名】2得点，ブレイス	補）スペイン語やドイツ語など、それぞれの言語によって2得点と3得点の言い方がある。
339 □	**recover the ball** 【フ】ボールを回収する	関）recover consciousness 意識を取り戻す
340 □	**water break** 【名】飲水タイム	関）cooling break クーリングブレイク

▶ 世界で最も素晴らしいダービーの1つ
one of the greatest derbies in the world

▶ 決定力の向上に努める
work on finishing skills

▶ 後方から2番目の相手選手のポジション
the position of the second-last opponent

▶ 育成組織のための戦略を立てる
devise a strategy for the academy

▶ 負け惜しみを言うような人にはならないでください。
Please don't be a sore loser.

▶ 国際試合のための休止期間で回復をする
recover during the international break

▶ 勝利に値する
deserve the win

▶ 20分で2得点を決める
score a brace in 20 minutes

▶ できる限り素早くボールを回収する
recover the ball as quickly as possible

▶ 試合が飲水タイムのために一時停止された。
The match was paused for a water break.

341 □	**roof of the net** 【名】ネットの天井	関）rooftop 屋上
342 □	**10-man** 【形】10人の	補）退場者が出たことを表現するために使用される言葉。
343 □	**master** [ˈmɑːstə(r)] 【動】〜を習得する	関）give a masterclass 練度の違いを見せる
344 □	**square pass** 【名】横パス	関）The match ends all square. 試合は同点で終了している。
345 □	**width** [wɪdθ] 【名】幅	関）wide 幅の広い
346 □	**individual skill** 【名】個人技	関）individual brilliance 個人の輝き
347 □	**change one's body angle** 【フ】体の向きを変える	関）angle of the pass パスの角度
348 □	**hold-up play** 【名】前線でタメを作るプレー, ポストプレー	補）「ポストプレー」は和製英語なので使用しないこと。
349 □	**competition** [ˌkɒmpəˈtɪʃn] 【名】大会, 競技会	関）competitive 競争力のある
350 □	**mishit** [ˈmɪshɪt] 【動】〜を打ち損ねる	活）mishit - mishit - mishit

▶ ネットの天井にボールを突き刺す
hit the ball into the roof of the net

▶ 10人のバルセロナを倒す
beat a 10-man Barcelona

▶ 新しい技術を習得する
master a new skill

▶ 横パスでアシストをする
assist with a square pass

▶ サッカーのピッチの幅
the width of a football pitch

▶ そのウィンガーは個人技を見せびらかしていた。
The winger was showing off his individual skill.

▶ 彼女は次の動きのために体の向きを変えた。
She changed her body angle for the next movement.

▶ 前線でタメを作るプレーのレベル
the level of hold-up play

▶ ヨーロッパのクラブの大会において
in the European club competitions

▶ ゴールエリア内でシュートを打ち損ねる
mishit the shot in the 6-yard box

サッカー英語 351〜360

351 □	**face** [feɪs] 【動】～と顔を合わせる，～と対戦する	関）face-to-face communication 対面でのコミュニケーション
352 □	**accidental** [ˌæksɪˈdentl] 【形】事故的な，偶然の	関）by accident 偶然に
353 □	**make a block** 【フ】ブロックを形成する	補）「カテナチオ」と呼ばれる固い守備を特徴とする戦術がある。イタリア語で「かんぬき」の意。
354 □	**substitution** [ˌsʌbstɪˈtjuːʃn] 【名】交代	関）substitute A for B AをBの代わりに使う
355 □	**fifty-fifty** [ˌfɪfti ˈfɪfti] 【形】五分五分の，どっちもどっちの	関）take a fifty-fifty chance 50%の望みにかける
356 □	**tiki-taka** 【名】細かいパス主体のサッカー，ティキタカ	補）メッシ、シャビ、イニエスタを要するバルセロナが確立させたサッカースタイル。
357 □	**underlap** 【動】内側から追い越す，アンダーラップをする	補）「内側から追い越す」をインナーラップと勘違いして覚えている人が多いが、アンダーラップが正しい。
358 □	**midweek match** 【名】週の中頃の試合	補）CL や EL などの大会は週の中頃に行われることが多い。
359 □	**violent** [ˈvaɪələnt] 【形】暴力的な	関）violence 暴力
360 □	**correct decision** 【名】正しい判定	関）wrong decision 誤った判定

▶ 我々はベスト16の試合でライバルと顔を合わせるかもしれない。
We might face our rival in the last 16.

▶ 事故的な接触のように見えた。
It looked like an accidental contact.

▶ 5-4-1のシステムでブロックを形成する
make a block with a 5-4-1 system

▶ 交代のために試合を止める
stop the game for a substitution

▶ あれは五分五分のタックルでした。
That was a fifty-fifty tackle.

▶ 細かいパス主体のサッカーが常に解決策というわけではない。
The tiki-taka style is not always a solution.

▶ 適切な内側から追い越す走り
a proper underlapping run

▶ 週の中頃の試合に向けた準備ができている
be ready for the midweek match

▶ 暴力的な行いに対するレッドカード
a red card for the violent conduct

▶ 正しい判定だと判明する
turn out to be a correct decision

Additional Time 4　欧州５大リーグ

サッカー界における「欧州５大リーグ」とはイングランド、スペイン、イタリア、ドイツ、フランスのリーグのことを指します。今回のコラムでは、それぞれのリーグ、その国における主要なカップ戦の名称をまとめてみました。国内外を問わず、サッカー関連の話をする際には欠かせない知識になると思いますので、ぜひ覚えておきましょう。

国 / 地域	リーグ	カップ
England イングランド	Premier League プレミアリーグ	FA Cup FA カップ
Italy イタリア	Serie A セリエ A	Coppa Italia コッパ・イタリア
Spain スペイン	La Liga ラ・リーガ	Copa del Rey コパ・デル・レイ
France フランス	Ligue 1 リーグ・アン	Coupe de France クープ・ドゥ・フランス
Germany ドイツ	Bundesliga ブンデスリーガ	DFB-Pokal DFB ポカール

その他、World Cup（ワールドカップ）、EURO（ユーロ）、Champions League（チャンピオンズリーグ）、Europe League（ヨーロッパリーグ）、Club World Cup（クラブワールドカップ）なども話題に上がることが多いので、合わせて頭にいれておきましょう。

第5節
サッカー英語 361〜450

Section 5
Football English 361-450

■ サッカー界の名言 #05

You can overcome anything, if and only if you love something enough.

本当に好きなことのためなら、どんなことでも乗り越えられる。

Lionel Messi / リオネル・メッシ

361 □	**with one or two touches** 【フ】2タッチ以内で	関）without touching the ball ボールに触ることなしに
362 □	**DOGSO** 【名】明らかな決定機の阻止，ドグソ	補）DOGSO は Denial of an Obvious Goal-Scoring Opportunity を表す。
363 □	**centre of gravity** 【名】重心	補）center ではなく centre と綴るのがイギリス式。
364 □	**VAR review** 【名】VARによる再検討，レビュー	関）VAR intervention VARの介入
365 □	**have good chemistry** 【フ】相性が良い	関）catalyst 他者に刺激を与える選手
366 □	**in the air** 【フ】空中で	関）on the ground 地上で
367 □	**temperature** ['temprətʃə(r)] 【名】気温	関）take a temperature 熱を測る
368 □	**elbow** ['elbəʊ] 【動】～にひじ打ちをする　【名】ひじ打ち	関）knee ～にひざ蹴りを食らわせる
369 □	**be relegated** 【フ】降格する	関）relegation 降格
370 □	**weather forecast** 【名】天気予報	関）weather permitting 天気がよければ

▶ 2タッチ以内でプレーしなければならない
must play with one or two touches

▶ 明らかな決定機の阻止かどうかを決定するための4つの基準
the four criteria for DOGSO decisions

▶ 低い重心を持っている
have a low centre of gravity

▶ VARによる再検討の進行中に
while VAR review is ongoing

▶ その2人の中盤の選手は相性が良い。
The two midfielders have good chemistry.

▶ 空中で戦える
be able to compete in the air

▶ サッカーをするのに最適な気温
the optimal temperature to play football

▶ 相手の顔面にひじ打ちをする
elbow the opponent in the face

▶ そのクラブはわずか1シーズンで降格した。
The club was relegated after only one season.

▶ 天気予報によれば
according to the weather forecast

371 □	**nutmeg** ['nʌtmeg] 【名】股抜き　【動】〜の股を抜く	関）get nutmegged 股抜きをされる
372 □	**tricky** ['trɪki] 【形】高度な, 騙すような	補）イングランドの古豪、ノッティンガム・フォレストはトリッキー・ツリーズとも呼ばれる。
373 □	**half-turn** 【名】ハーフターン	補）ボールを受け取る際に、進行方向に半分程度まで体を開いた状態からターンをすること。
374 □	**highlight** ['haɪlaɪt] 【名】ハイライト, 主要部	関）extended highlights 長めのハイライト
375 □	**tight schedule** 【名】過密日程	関）reschedule 〜の日程を調整する
376 □	**stunner** ['stʌnə(r)] 【名】目を見張るようなシュート	関）stun 〜を驚かせる
377 □	**caution** ['kɔːʃn] 【名】注意, 警告	関）cautionary advice 忠告
378 □	**pace** [peɪs] 【名】速さ	関）outpace 〜に速さで勝る
379 □	**positioning** [pə'zɪʃənɪŋ] 【名】位置取り, ポジショニング	関）positional play 位置取りで優位を取るプレー
380 □	**theory** ['θɪəri] 【名】理論, セオリー	関）follow the basic theory 基本的な理論に従う

▶ こしゃくな股抜き
a cheeky nutmeg

▶ 高度なフリーキックのデザイン
a tricky free kick design

▶ ハーフターンをしながらボールを受ける
receive the ball on a half-turn

▶ 試合のハイライトを見る
watch the highlights of the game

▶ 過密日程について不平を言う
complain about the tight schedule

▶ 目を見張るようなシュートを何度も再生する
replay the stunner over and over

▶ 審判が右サイドバックに注意を与えた。
The referee gave a caution to the right back.

▶ その10番は信じられない速さを持っている。
The number 10 has unbelievable pace.

▶ ボックス内での気の利いた位置取り
smart positioning in the box

▶ 監督のサッカー理論
the manager's football theory

サッカー英語 381〜390

381 □	**rainbow flick**		【名】ヒールリフト	関）show off one's skill 技術を見せびらかす
382 □	**signal**	['sɪɡnəl]	【名】合図, サイン	関）send a signal サインを送る
383 □	**health condition**		【名】健康状態, コンディション	関）conditioning 調整
384 □	**runner-up**	[ˌrʌnər 'ʌp]	【名】準優勝者	補）サッカーの場合は準優勝者が複数になるので、runners-up という。
385 □	**horror tackle**		【名】ひどいタックル	関）have a horror of 〜 〜に恐怖を覚える
386 □	**lead the team**		【フ】チームを率いる	活）lead - led - led
387 □	**draw**	[drɔː]	【名】組み合わせ抽選　【動】〜を引く	関）draw out the opponent 相手を引き出す
388 □	**outfield player**		【名】フィールドプレイヤー	補）英語の場合は、フィールドプレイヤーではなく、outfield player と表現することに注意。
389 □	**intrasquad game**		【名】紅白戦	補）intrasquad には「チーム内の」という意味がある。practice match in the team などでも表現できる。
390 □	**zone defence**		【名】ゾーンディフェンス	補）相手選手について守備をするマンマークではなく、担当する場所ごとに守る戦術のこと。

▶ ヒールリフトでディフェンダーをからかう
make fun of the defender with a rainbow flick

▶ VARの合図の後
after the VAR signal

▶ 健康状態の不良によって
due to poor health condition

▶ 昨季の準優勝者たち
last season's runners-up

▶ ひどいタックルを後悔する
regret the horror tackle

▶ 初めてチームを率いる
lead the team for the first time

▶ ベスト16の試合の組み合わせ抽選
the draw for the round of 16

▶ 1人のゴールキーパーと10人のフィールドプレイヤー
one goalkeeper and ten outfield players

▶ 白熱した紅白戦
a heated intrasquad game

▶ ゾーンディフェンスをする
play zone defence

391 □	**slump** [slʌmp] 【名】不調, 不振, スランプ	関）get into a slump スランプに陥る
392 □	**slow down** 【フ】(〜の)スピードを落とす	関）slow-down 減速, 鈍化
393 □	**five-a-side** [ˌfaɪv ə ˈsaɪd] 【名】5対5の試合, 5人制サッカー	補）もちろん、数の部分は変えることができる。seven-a-side は7人制サッカーのこと。
394 □	**finish goalless** 【フ】無得点に終わる	関）end in a goalless draw 無得点の引き分けに終わる
395 □	**post-match** 【形】試合後の	関）pre-match 試合前の
396 □	**schoolboy error** 【名】しょうもないミス, 学生のようなミス	補）初めて聞いた際に、なんともかわいい表現だと思った著者である。
397 □	**step down** 【フ】退任する	関）take responsibility for 〜 〜の責任を取る
398 □	**lack of precision** 【名】精度の欠如	関）adjust 〜を調整する
399 □	**swerve** [swɜːv] 【名】曲がり　【動】向きがそれる	関）swerve sharply 鋭く曲がる
400 □	**jump at 〜** 【フ】〜に跳びかかる	補）日本では、相手に跳びかかる反則のことを「ジャンピングアット」という。

▶ 不調である
be in a slump

▶ ドリブルのスピードを落として周りを見る
slow down the dribble and look around

▶ 5対5の試合をする
play five-a-side

▶ 両チーム無得点に終わった。
Both teams finished goalless.

▶ 彼は試合後のコメント対して罰金を取られた。
He was fined for his post-match comments.

▶ 絶対にしょうもないミスをしない
never make a schoolboy error

▶ コーチの立場から退任する
step down from a coaching position

▶ 精度の欠如が深刻な問題だった。
Lack of precision was a serious problem.

▶ フリーキックの曲がり
the swerve on the free kick

▶ ゴールキーパーに跳びかかる
jump at the goalkeeper

サッカー英語 401〜410

401 □	**sprinkle water** 【フ】水を撒く	補）試合前のピッチに水を撒くのはプロの世界では常識である。
402 □	**keep the ball low** 【フ】ボールを浮かさない	補）keep the ball on the ground と表現することもできる。
403 □	**narrow the angle** 【フ】角度を狭める	補）「(シュートなどの)コースを限定する」のような意味でも使用できる。
404 □	**appear** [əˈpɪə(r)] 【動】出場する，現れる	関）appearance 出場(数)
405 □	**go into extra time** 【フ】延長戦に入る	関）decide the winner 勝者を決める
406 □	**promotion race** 【名】昇格争い	関）relegation battle 降格争い
407 □	**get off the mark** 【フ】マークから逃れる	関）make a quick move 素早く動く
408 □	**parry** [ˈpæri] 【動】(シュートなど)を弾く	補）parry a question で「質問を受け流す」という意味にもなる。サッカー界の記者会見でよくある。
409 □	**go well** 【フ】上手くいく	関）go as expected 予定通りにいく
410 □	**spread one's body** 【フ】体を広げる	活）spread - spread - spread

▶ 試合前に水を撒く
sprinkle water before the game

▶ ボールを浮かさない技術
skills to keep the ball low

▶ 私はキーパーに角度を狭めるように言われました。
I was told to narrow the angle by the goalkeeper.

▶ 主将が親善試合に出場しなかった。
The skipper didn't appear in the friendly match.

▶ 延長戦に入ると予想されている
be expected to go into extra time

▶ 昇格争いの中で戦う
fight in a promotion race

▶ なんとかしてマークから逃れる
manage to get off the mark

▶ 美しくシュートを弾く
parry the shot beautifully

▶ ゲームプランが上手くいった。
The game plan went well.

▶ 彼はブロックをするために体を広げた。
He spread his body to block the shot.

411 □	**double** ['dʌbl] 【名】2冠	関）treble / quadruple 3冠 / 4冠
412 □	**sense of responsibility** 【名】責任感	関）be responsible for 〜 〜に対して責任がある
413 □	**in a row** 【フ】連続で, 列をなして	関）stand in a row 列をなして立つ
414 □	**previous game** 【名】前の試合	関）previous season 前のシーズン
415 □	**energetic** [ˌenəˈdʒetɪk] 【形】活力に溢れている, エネルギーのある	関）lack energy 元気がない
416 □	**heavy** ['hevi] 【形】(タッチが)大きい, 重い	関）The pass was too heavy. パスが強すぎた。
417 □	**steal the ball** 【フ】ボールを奪う	補）直訳すると「ボールを盗む」なので、日本語だと「かっさらう」のニュアンスに近い。
418 □	**catch up with 〜** 【フ】〜についていく	補）日常会話では「〜と近況を話し合う」という意味でも使用される。
419 □	**jockey** ['dʒɒki] 【動】〜を追い込む, 〜を誘導する	補）jockey には「騎手として馬に乗る」という意味がある。
420 □	**break through the centre line** 【フ】中央突破をする	補）like a hot knife through butter 「バターを切る熱いナイフのように」という実況には感動を覚えた。

▶ 記憶に残る2冠を勝ち取ったシーズン
the memorable double winning season

▶ 責任感を持つ
have a sense of responsibility

▶ 3試合連続で
three matches in a row

▶ 前の試合では
in the previous game

▶ とても活力に溢れているように見える
look very energetic

▶ ファーストタッチが少し大きすぎた。
The first touch was a bit too heavy.

▶ ピッチ上の至るところでボールを奪う
steal the ball everywhere on the pitch

▶ ウィンガーについていく
catch up with the winger

▶ ドリブラーを追い込むのを上手くやる
do well to jockey the dribbler

▶ ワンツーで中央突破をする
break through the centre line with a one-two pass

421 ☐	**tap-in** [ˈtæp ɪn] 【名】押し込み, タップイン	補) tap-in merchant はタップインのみで得点する選手を揶揄するための言葉。
422 ☐	**look for one's teammate** 【フ】味方を探す	関) look for an option 選択肢を探す
423 ☐	**get well** 【フ】(怪我などが)良くなる	関) get-well-soon card お見舞い状
424 ☐	**park the bus** 【フ】ゴール前を固める	補) ジョゼ・モウリーニョ監督によって生み出された「(ゴール前に)バスを停める」という言葉。
425 ☐	**potential** [pəˈtenʃl] 【名】潜在能力　【形】可能性のある	関) potential January transfer 可能性のある1月の移籍
426 ☐	**role model** 【名】模範となる選手, ロールモデル	関) ideal player 理想的な選手
427 ☐	**right-hand side** 【名】右手側	関) left-hand side 左手側
428 ☐	**put it on a plate** 【フ】お膳立てをする	補) 日本語の「お膳立て」の感覚が英語でも同じだったことに驚く。
429 ☐	**read the game** 【フ】試合を読む	関) reading 読み
430 ☐	**grid** [grɪd] 【名】枠, 区切られたスペース, グリッド	関) size of the grid 枠の大きさ

▶ 簡単な押し込みで得点する
score with an easy tap-in

▶ 彼女はエリア内で味方を探していた。
She was looking for her teammate in the box.

▶ 私の左ひざは日に日に良くなってきています。
My left knee is getting well day by day.

▶ ホームチームに対してゴール前を固める
park the bus against the home team

▶ その若い選手は成功を収めるだけの潜在能力を持っている。
The young player has the potential to succeed.

▶ チーム内の全ての選手の模範となる選手
a role model for all players in the squad

▶ 彼のチームメイトが右手側にいました。
His teammate was on his right-hand side.

▶ 得点ランク首位の選手のためにお膳立てをする
put it on a plate for the leading scorer

▶ 試合を読んで必要とされていることをする
read the game and do what is needed

▶ 小さな枠の中で鳥かごをする
play rondo in a small grid

431 □	**go wide** 【フ】(シュートが)横に外れる，広がる	補）go wide right や go wide left で外れた方向を示すこともできる。
432 □	**leave everything on the pitch** 【フ】ピッチですべてを出し切る	関）leave all to chance すべてを運に任せる
433 □	**hospital pass** 【名】(味方を病院送りにする)中途半端なパス	補）中途半端なパスでも怪我する勢いで飛び込むべきという精神性が垣間見えるワード。
434 □	**come off** 【フ】(〜を)出てくる	関）game changer 試合を変える選手
435 □	**delivery** [dɪˈlɪvəri] 【名】(ボールの)供給	関）deliver 〜を供給する
436 □	**punch away** 【フ】拳で弾く	関）kick away 蹴り飛ばす
437 □	**deny** [dɪˈnaɪ] 【動】〜を阻止する，〜を否定する	関）deny a rumor ウワサを否定する
438 □	**sack** [sæk] 【動】〜を解任する	補）sack には「大袋」という意味があり、それに荷物を入れて持ち帰る様子から動詞として派生した。
439 □	**behind closed doors** 【フ】無観客で，非公開で	補）新型コロナの影響による無観客試合のほか、大会前の非公開練習などを表現する際にも使用できる。
440 □	**mess up 〜** 【フ】〜をめちゃくちゃにする，しくじる	関）The dressing room was messy. 控え室が散らかっていた。

▶ ストライカーのシュートがわずかに横に外れた。
The striker's shot just went wide.

▶ ピッチですべてを出し切ると約束する
promise to leave everything on the pitch

▶ ゴールキーパーへの中途半端なパス
a hospital pass to the goalkeeper

▶ スター選手がベンチを出てきた。
The star player came off the bench.

▶ 上手いボールの供給に対してセンターバックを賞賛する
applaud the centre back for a nice delivery

▶ 拳で弾くのを余儀なくされる
be forced to punch away

▶ シュートのチャンスを阻止する
deny the chance to shoot

▶ 3ヶ月で監督を解任する
sack the manager after three months

▶ その試合は無観客で行われる。
The game will be played behind closed doors.

▶ 最後に試合をめちゃくちゃにする
mess up the match at the end

サッカー英語 441〜450

441 □	**eating habit** 【名】食生活	関）nutrition 栄養
442 □	**collision** [kəˈlɪʒn] 【名】衝突, 激突	関）collide with 〜 〜と衝突する
443 □	**journeyman** [ˈdʒɜːnimən] 【名】クラブを渡り歩く選手	関）one-club man 1つのクラブに専心する選手
444 □	**fall over** 【フ】倒れる, こける	関）fall onto the ground 地面に落下する
445 □	**be on fire** 【フ】絶好調である	補）直訳すると「火がついている」という意味。
446 □	**looping header** 【名】フワッとしたヘッド	関）a shot over the goalkeeper キーパーを越えるシュート
447 □	**chicken out** 【フ】怖気つく, ビビる	関）Don't chicken out! ビビるな！
448 □	**tuck one's arms** 【フ】腕をしまい込む	補）VARが導入されて以来、ハンドの反則が厳格化されたため、ボックス内で腕をしまい込む選手が増えた。
449 □	**experienced** [ɪkˈspɪəriənst] 【形】経験のある	関）inexperienced 経験の浅い, 未熟な
450 □	**make a harsh tackle on 〜** 【フ】〜を削る, 〜に激しいタックルをする	補）サッカーシーンにおける「削る」とは、怪我をさせる勢いで激しくあたることを意味する。

▶ 彼はフィジカルをより強くするために食生活を変えた。
He changed his eating habit to be more athletic.

▶ 2人の選手のひどい衝突
a nasty collision between two players

▶ クラブを渡り歩く選手の経歴
the career of the journeyman

▶ その10番はファウルを受けて倒れた。
The number 10 was fouled and fell over.

▶ 攻撃陣全員が絶好調である。
All the attackers are on fire.

▶ ゴールマウスを横切るフワッとしたヘッド
a looping header across the goalmouth

▶ 大舞台で怖気つく
chicken out on a big stage

▶ ディフェンダーたちは背中の後ろに腕をしまい込む。
Defenders tuck their arms behind their back.

▶ 経験のある選手の重要性
the importance of experienced players

▶ あいつを削る必要はなかった。
I didn't have to make a harsh tackle on that guy.

Additional Time 5　怪我に関する英語

激しいプレーが魅力の１つであるサッカーに、怪我（injury）はつきものです。怪我について英語で話すのはハードルが高いことのように感じられるかもしれません。でも、ある程度の予備知識があれば、大体のニュアンスは伝えられるようになると思います。今回のコラムでは体の部位やサッカー選手に多い怪我の名称、誰かが怪我をしてしまったシーンなどで使える英語フレーズなどを紹介していきます。怪我をしないのに越したことはないですが、「備えあれば憂いなし」ということで、ぜひ覚えておきましょう。

□ head
頭

□ forehead
おでこ

□ nose
鼻

□ neck
首

□ shoulder
肩

□ shoulder blade
肩甲骨

□ back
背中

□ arm
腕

□ hip
お尻

□ leg
脚

□ groin
股関節

□ thigh
太もも

□ joint
関節

□ hamstring
ハムストリング

- □ knee
  ひざ
- □ shin
  すね
- □ ankle
  足首
- □ finger
  指
- □ toenail
  足の爪
- □ bone
  骨
- □ hurt
  ～を痛める
- □ dislocate
  ～を脱臼する
- □ break
  ～を骨折する
- □ clean
  ～を消毒する
- □ prevent
  ～を予防する
- □ ice
  ～を氷で冷やす
- □ calf
  ふくらはぎ
- □ Achilles tendon
  アキレス腱
- □ foot
  足
- □ toe
  つま先
- □ muscle
  筋肉
- □ ligament
  靭帯
- □ strain
  ～をのばす，張り
- □ sprain
  ～を捻る
- □ bleed
  出血する
- □ fall down
  転ぶ
- □ tape up
  テープで巻く
- □ recover
  回復する

- □ get injured
  怪我をする
- □ condition
  コンディション
- □ gash
  切り傷
- □ wound
  傷
- □ bandage
  包帯
- □ stretcher
  担架
- □ physio
  理学療法士
- □ heatstroke
  熱中症
- □ dehydration
  脱水症
- □ pain
  痛み
- □ acute pain
  鋭い痛み
- □ dull pain
  鈍い痛み
- □ rehabilitate
  リハビリをする
- □ scrape
  擦り傷
- □ bruise
  打撲
- □ concussion
  脳震とう
- □ surgery
  外科手術
- □ cold spray
  コールドスプレー
- □ team doctor
  チームドクター
- □ jammed finger
  突き指
- □ stress/fatigue fracture
  疲労骨折
- □ hairline fracture
  ひび
- □ growing pains
  成長痛
- □ chronic pain
  慢性的な痛み

□ take a rest
休みを取る

□ see a doctor
医者にかかる

□ give first aid
応急処置をする

□ call an ambulance
救急車を呼ぶ

□ have sore muscles
筋肉痛がある

□ get a cramp in ～
～がつる，～が痙攣する

□ go see the physio
療法士にあたる

□ take an X-ray
レントゲンを撮る

□ I hope you get well soon.
すぐによくなってね。

□ be diagnosed with ～
～であると診断される

□ How's your ～?
～の具合はどう？

□ Take care of yourself.
お大事に。

□ break a tooth
歯を折る

□ get treatment
治療を受ける

□ pull a muscle
肉離れをする

□ be stretched off
担架で運び出される

□ tear a ligament
靭帯を断裂する

□ lose consciousness
意識を失う

□ get a massage
マッサージを受ける

□ Don't be hard on yourself.
無理するなよ。

□ miss the rest of the season
今季絶望となる

□ feel something wrong with ～
～に違和感がある

□ fully recover in ～ weeks
全治～週間である

□ I wish you a speedy recovery.
素早い回復を願っているよ。

Memo

第6節
サッカー英語 451～540

Section 6
Football English 451-540

■ サッカー界の名言 #06

There is no pressure when you are making a dream come true.

夢を叶えているときに、プレッシャーなんて感じない。

Neymar / ネイマール

サッカー英語 451～460

451 □	**attendance** [ə'tendəns] 【名】観客動員数	関）high/low attendance 高い/低い観客動員数
452 □	**closing minutes** 【名】終了間際, 最後の数分	補）時間稼ぎのために、終了間際に選手交代をする監督がいるが、個人的にはあまり好きではない。
453 □	**clash** [klæʃ] 【名】対戦, 衝突	関）clash with ～ ～との対戦
454 □	**quality in the final third** 【名】仕上げの精度, 最終局面での質	関）finishing touch 最後の仕上げ
455 □	**slight contact** 【名】わずかな接触	関）soft penalty わずかな接触によるPK
456 □	**sitter** ['sɪtə(r)] 【名】容易な決定機	関）Hey! That was a sitter! おい！決定機だっただろ！
457 □	**place the ball** 【フ】ボールを置く	補）日本語の「プレイスキック」はここから来ている。
458 □	**pass from ～ to …** 【フ】～から…へのパス	関）from start to end 初めから終わりまで
459 □	**one-nil** 【形】イチゼロの, 1対0の	補）英語では無得点のことを nil と表現し、one-nil up や two-nil down のようにスコアを述べる。
460 □	**alert** [ə'lɜ:t] 【形】準備ができた, 抜け目のない	関）Stay alert! 準備しておけ！

▶ スタジアムの平均観客動員数
the average attendance of the stadium

▶ 終了間際での2枚替え
the double substitution in the closing minutes

▶ 必見のダービーでの対戦の日程を確認する
check the date of the must-watch derby clash

▶ 仕上げの精度を示す
show the quality in the final third

▶ わずかな接触があった。
There was slight contact.

▶ 全サッカー選手が容易な決定機を外したことがある。
Every football player has missed a sitter.

▶ きちんとボールを置く
neatly place the ball

▶ 司令塔からストライカーへの素晴らしいパス
a great pass from the playmaker to the striker

▶ 良いイチゼロの勝利
a good one-nil win

▶ ディフェンダーは常に準備ができた状態であるべきだ。
Defenders should always be alert.

サッカー英語 461〜470

461 □	**solo goal** 【名】独走ゴール, ソロゴール	関）score a goal all alone 独力でゴールを決める
462 □	**get back in the game** 【フ】試合に戻る	関）be allowed to get back 戻るのを許される
463 □	**underrated** [ˌʌndəˈreɪtɪd] 【形】過小評価された	関）overrated 過大評価された
464 □	**contract** [ˈkɒntrækt] 【名】契約	関）terminate one's contract 契約を終了する, 打ち切る
465 □	**intentional** [ɪnˈtenʃənl] 【形】意図的な, 故意的な	関）malicious 悪意のある
466 □	**be kicked out of 〜** 【フ】〜を追い出される	補）サッカー界には様々な理由でチームを追われる選手がいる。
467 □	**non-league side** 【名】セミプロのチーム	補）「(トップレベルの)リーグに所属していないチーム」という意味で使用される。
468 □	**promising youngster** 【名】有望な若手選手	関）The weather is promising. 天気は大丈夫そうである。
469 □	**overhit** 【動】(シュートなどを)強く当てすぎる, ふかす	活）overhit - overhit - overhit
470 □	**aggressively** [əˈgresɪvli] 【副】攻撃的に	関）defensively 守備的に

▶ 伝説的な独走ゴールの動画を見る
watch a video of legendary solo goals

▶ 負傷した選手が試合に戻りそうである。
The injured player is going to get back in the game.

▶ 世界で最も過小評価された選手
the most underrated player in the world

▶ 契約にサインをする
sign a contract

▶ 顔面への意図的な肘打ち
an intentional elbow to the face

▶ 不良少年がチームを追い出された。
The bad boy was kicked out of the team.

▶ セミプロのチームにやられる
be beaten by the non-league side

▶ 2部にいる有望な若手選手を見つける
find a promising youngster in the 2nd division

▶ 強く当てすぎないように体をリラックスさせよう。
You should relax your body not to overhit.

▶ 常に攻撃的にプレーする左サイドバック
a left back who always plays aggressively

サッカー英語 471〜480

471 □	**on purpose** 【フ】わざと，故意に	関）multipurpose ground 多目的グラウンド
472 □	**look around** 【フ】周りを見る	関）look up 顔を上げる
473 □	**land** [lænd] 【動】着地する	関）landing 着地
474 □	**humiliate** [hjuːˈmɪlieɪt] 【動】～に屈辱を与える，～に恥をかかせる	関）experience humiliation 屈辱を味わう
475 □	**kill the ball** 【フ】ボールの勢いを抑える	補）物騒な表現に思えるが、英語では「時間を潰す」を kill time と言ったりもする。
476 □	**change of pace** 【名】緩急，速さの変化	関）change of speed スピードの変化
477 □	**add a new player** 【フ】選手補強をする，新しい選手を加える	関）sell a player 選手を売る，放出する
478 □	**awful** [ˈɔːfl] 【形】ひどい	関）awfully bad performance ひどく悪い出来栄え
479 □	**goal poacher** 【名】点取り屋，ゴールを奪う選手	補）poacher の本来の意味は「密猟者」である。
480 □	**blow the lead** 【フ】リードを失う	関）take a big blow 大打撃を受ける

▶ わざとボールを蹴り出す
kick out the ball on purpose

▶ ボールを受ける前に周りを見る
look around before getting the ball

▶ 彼女は下手に着地して頭を打った。
She landed wrong and hit her head.

▶ 10対0の勝利で相手に屈辱を与える
humiliate the opponent with a 10-0 win

▶ 華麗にボールの勢いを抑える
beautifully kill the ball

▶ 素晴らしい緩急を見せる
show a remarkable change of pace

▶ 選手補強をしないことに決める
decide not to add a new player

▶ 10番の選手によるひどいフリーキック
an awful free kick by the number 10

▶ 歴史上で最も優れた点取り屋
the best goal poacher in history

▶ すぐにリードを失う
blow the lead immediately

サッカー英語 481〜490

481 □	**winning streak** 【名】連勝	関）losing streak 連敗
482 □	**the 12th man** 【名】12番目の選手, サポーター	補）同じ意味で the 12th player が使用されることもある。
483 □	**headwind** ['hedwɪnd] 【名】向かい風	関）due to the headwind 向かい風のせいで
484 □	**seven-goal thriller** 【名】7ゴールが決まった熱い試合	補）もちろん、8ゴールでも9ゴールでも良い。4ゴール以下の試合に使われているのは見たことがない。
485 □	**dribble past 〜** 【フ】〜をドリブルで抜く	関）ghost past 〜 〜をするりと抜き去る
486 □	**tight angle** 【名】厳しい角度, 狭い角度	関）nearly impossible angle ほぼ不可能な角度
487 □	**hold up the ball** 【フ】ボールをキープする	関）Hold on! 持ち堪えろ！
488 □	**squad depth** 【名】選手層の厚さ	関）quality players on the bench ベンチにいる質の高い選手
489 □	**laws of the game** 【名】試合規則	補）サッカーの基本的な試合規則はイングランドのサッカー協会によってまとめられた。
490 □	**retire** [rɪ'taɪə(r)] 【動】引退する	関）Happy retirement! 引退おめでとう！

▶ 連勝を5試合に伸ばす
extend the winning streak to 5 matches

▶ 12番目の選手はサポーターたちのことを指す。
The 12th man refers to the supporters.

▶ 向かい風にさらされる
face a headwind

▶ 7ゴールが決まった熱い試合を目の当たりにする
witness a seven-goal thriller

▶ 3人のディフェンダーをドリブルで抜く
dribble past three defenders

▶ 厳しい角度からシュートを打つ
take a shot from a tight angle

▶ 前線でボールをキープする
hold up the ball upfront

▶ 選手層の厚さを持っている
have squad depth

▶ 試合規則に従う
follow the laws of the game

▶ 35歳で引退する
retire at the age of 35

491 □	**atmosphere** ['ætməsfɪə(r)] 【名】雰囲気	関）breathtaking atmosphere 息を呑むような雰囲気
492 □	**acceleration** [əkˌseləˈreɪʃn] 【名】加速	関）deceleration 減速
493 □	**needlessly foul** 【フ】不必要にファウルをする	関）needless 不必要な
494 □	**unbeaten record** 【名】無敗記録	補）プレミアリーグで無敗優勝を達成したアーセナルは the Invincibles(無敵の者たち)と呼ばれた。
495 □	**be punished** 【フ】ひどい目にあう，罰せられる	補）「罰走」は running punishment などと訳せるが、外国ではあまり見かけない。
496 □	**be in charge of ～** 【フ】～を任されている，～を担当している	関）be in charge of defensive roles 守備的な役割を任されている
497 □	**hard-working** [ˌhɑːd ˈwɜːkɪŋ] 【形】ハードワークをする，激しく頑張る	関）hard worker 努力家
498 □	**give some rest to ～** 【フ】～を休ませる，～を温存する	関）rest up for ～ ～に備えて十分に休む
499 □	**break the record** 【フ】記録を破る	関）record breaker 記録を破る選手
500 □	**fire** [ˈfaɪə(r)] 【動】～を放つ，～を解雇する	関）You're fired! お前はクビだ！

▶ スタジアムの雰囲気
the atmosphere in the stadium

▶ 短い距離における爆発的な加速
the explosive acceleration in a short distance

▶ エリア内で不必要にファウルをする
needlessly foul in the box

▶ 最長無敗記録
the longest unbeaten record

▶ 痛いミスによってホームチームがひどい目にあった。
The home team was punished for a costly mistake.

▶ 彼は来季、チームを任されていないだろう。
He won't be in charge of the team next season.

▶ ハードワークをする中盤の選手を必要としている
need a hard-working midfielder

▶ 主将を休ませる
give some rest to the skipper

▶ 最多出場の記録を破る
break the record for most appearances

▶ 振り向きざまにシュートを放つ
fire a shot on the turn

サッカー英語 501〜510

501 □	**get annoyed** 【フ】イライラする	関）annoying うっとうしい
502 □	**come onto the pitch** 【フ】ピッチに出てくる	関）wave one's hand to the fans ファンに手を振る
503 □	**throw one's body** 【フ】体を投げ出す	関）desperate defence 必死の守備
504 □	**campaign** [kæm'peɪn] 【名】一連の期間, キャンペーン	関）title-winning campaign 優勝を勝ち取った期間
505 □	**in the wrong net** 【フ】違う方のゴールに, 自チームのゴールに	関）unfortunate own goal 不運なオウンゴール
506 □	**defeat** [dɪ'fi:t] 【名】敗北　【動】〜を負かす	関）suffer a defeat 苦杯をなめる
507 □	**route-one football** 【名】ロングボール戦術	補）往年のプレミアリーグで流行していたスタイル。kick and rush という言われ方もする。
508 □	**waste** [weɪst] 【動】(機会など)を無駄にする	関）time waster 時間稼ぎをする選手
509 □	**step up** 【フ】歩を進める, 出世する	関）step up to one's teammate チームメイトに歩み寄る
510 □	**goal drought** 【名】ゴールの欠乏	関）drought of funds 資金不足

▶ 簡単にイライラする
easily get annoyed

▶ ウォームアップのためにピッチに出てくる
come onto the pitch to warm up

▶ 彼はゴール前で体を投げ出した。
He threw his body in front of the goal.

▶ 成功した一連の期間
the successful campaign

▶ 違う方のゴールに入れてしまう
put the ball in the wrong net

▶ 忘れられない敗北
the unforgettable defeat

▶ ロングボール戦術の上手い使用
a great use of route-one football

▶ 3本のフリーキック全てを無駄にする
waste all three free kicks

▶ PKを蹴るためにゆっくりと歩を進める
slowly step up to take a penalty

▶ その9番の選手はゴールの欠乏を終わらせた。
The number 9 ended his goal drought.

サッカー英語 511～520

511 □	**reach**	[riːtʃ]	【名】届く範囲　【動】～に届く	補）日本語の「リーチが長い」はここからきている。
512 □	**swap positions**		【フ】ポジションを入れ替える	関）swap seats 席を交換する
513 □	**chase down the ball**		【フ】ボールを追いかける	関）chase around 追いかけ回す
514 □	**individual quality**		【名】個人の質	関）individual title 個人賞
515 □	**hit the target**		【フ】枠を捉える	関）hit one's head 頭を打つ
516 □	**bounce back**		【フ】跳ね返る	関）bounce back from ～ ～から持ち直す
517 □	**be out of breath**		【フ】息切れをしている	関）recover one's breath 呼吸を整える
518 □	**skip away from ～**		【フ】～をかわす，～を切り抜ける	関）skip a training session 練習をサボる，休む
519 □	**showdown**	[ˈʃəʊdaʊn]	【名】大詰め，土壇場，天王山	補）ポグバの超絶なシュートの後に He's a showman! And that's a showstopper! と実況が入った。
520 □	**behaviour**	[bɪˈheɪvjə(r)]	【名】振る舞い	補）behavior ではなく behaviour と綴るのがイギリス式。

▶ その低いクロスにはわずかに彼の届く範囲の外だった。
The low cross was slightly out of his reach.

▶ 問題を起こすためにポジションを入れ替える
swap positions to cause a problem

▶ 精力的にボールを追いかける
chase down the ball energetically

▶ 個人の質に関して
in terms of individual quality

▶ 枠を捉えることができない
be unable to hit the target

▶ ゴールの枠から跳ね返る
bounce back off the woodwork

▶ 彼は長い全力疾走の後で息切れをしていた。
He was out of breath after a long sprint.

▶ ディフェンダーをかわす
skip away from the defender

▶ リーグ戦の大詰めとなる戦い
a showdown battle of the league

▶ プロ選手らしからぬ振る舞いのことで叱られました。
I was scolded for my unprofessional behaviour.

サッカー英語 521～530

521 □	**troublemaker** ['trʌblmeɪkə(r)] 【名】問題児, 厄介者	関）have a quarrel 口論をする
522 □	**screw up ～** 【フ】～を台無しにする, しくじる	関）screw up one's face 顔をしかめる
523 □	**hold a high line** 【フ】高いラインを保つ	関）hold back 遠慮する, 自制する
524 □	**tight area** 【名】狭いエリア	関）crowded area 密集したエリア
525 □	**concentration** [ˌkɒnsn'treɪʃn] 【名】集中(力)	関）lose concentration 集中力を失う
526 □	**toe-poke** 【名】つま先でのシュート	関）poke ～をつつく, 突く
527 □	**defend deep** 【フ】深い位置で守備をする	関）compact defending 引き締まった守備
528 □	**find the back of the net** 【フ】ゴールネットを揺らす	補）直訳すると「ネットの後ろを見つける」という意味の頻出フレーズである。
529 □	**protest against ～** 【フ】～に対して抗議をする	関）protest against racism 人種差別に対して抗議をする
530 □	**have nothing to lose** 【フ】失うものは何もない	関）all or nothing 失敗すればすべてを失う

▶ 監督から問題児とみなされる
be viewed as a troublemaker by the manager

▶ 早い段階でのレッドカードで試合を台無しにする
screw up the match with an early red card

▶ キックオフ直後から高いラインを保つ
hold a high line right after the kick-off

▶ 狭いエリアでディフェンダーを打ち負かす
beat defenders in a tight area

▶ ディフェンダーたちの集中力の欠如
defenders' lack of concentration

▶ 素晴らしいつま先でのシュートでキーパーを負かす
beat a goalkeeper with a lovely toe-poke

▶ 王者を相手に深い位置で守備をする
defend deep against the champions

▶ やっとの思いでゴールネットを揺らす
finally find the back of the net

▶ PKの判定に対して抗議をしに行く
go and protest against the penalty decision

▶ この試合で失うものは何もない。
We have nothing to lose in this game.

サッカー英語 531～540

531 □	**clear off the line** 【フ】ラインの寸前でクリアをする	関）off-the-line clearance ラインの寸前でのクリア
532 □	**go over the bar** 【フ】(シュートが)バーの上にいく	関）go over one's head (話などが)理解できない
533 □	**massive win** 【名】大きな勝利	関）triumph 大勝利, 大成功
534 □	**shout** [ʃaʊt] 【動】叫ぶ　【名】叫び声	関）shout abuse at ～ ～に罵声を浴びせる
535 □	**under pressure** 【フ】プレッシャーのかかった(状態で)	関）under a lot of stress 大きなストレスのもとで
536 □	**use one's body effectively** 【フ】体を上手く使う	関）effective 効果的な
537 □	**relegation zone** 【名】降格圏	関）relegation-threatened 降格の危機にある
538 □	**celebrate** ['selɪbreɪt] 【動】～を祝福する	関）celebrate ～ in style ～を華々しく祝う
539 □	**table and standings** 【名】順位表, 勝敗表	関）win-loss standings 勝敗表
540 □	**go inside** 【フ】内側へ行く	補）内側にいる選手からすれば come inside となる。

▶ ラインの寸前でクリアをして無失点を保つ
clear off the line to keep a clean sheet

▶ シュートがバーの上にいった。
The shot went over the bar.

▶ 優勝争いにおける大きな勝利
a massive win in the title race

▶ テクニカルエリアで監督が叫んでいた。
The manager was shouting in the technical area.

▶ プレッシャーのかかった状態でよくミスをする
often make a mistake under pressure

▶ 彼はボールをキープするのに体を上手く使う。
He uses his body effectively to hold up the ball.

▶ 降格圏に落ちていく
drop into the relegation zone

▶ 彼女はチームメイトと誕生日のゴールを祝福した。
She celebrated her birthday goal with her teammates.

▶ 最新の順位表を確認する
check the latest table and standings

▶ ボールを受けるために内側へ行く
go inside to receive the ball

Additional Time 6　感情を表現するための英語

国際サッカー評議会が発行するサッカーのルールブックの中にFootball is the greatest sport on the earth.（サッカーは、世界最高のスポーツである。）という一文を見つけました。なぜ、こんなにもサッカーは魅力的と感じられるのでしょうか。個人的には、サッカーは人々の感情を動かすことができるからだと思います。1つの試合の中で、喜怒哀楽のすべての感情を経験することもあるはずです。そこで、今回のコラムでは、感情を表現するのに使える英語をまとめてみました。仲間同士で話をするとき、サポーターとして盛り上がりたいとき、試合後にインタビューを受けたとき、「自分の感情を正確に言葉にできる」というのは大きな強みになるはずです。機会があれば、ぜひ活用してみましょう。

□ happy
嬉しい

□ sad
悲しい

□ relieved
安心した

□ pleased
喜んで

□ gutted
がっかりして

□ nervous
緊張して

□ offended
気分を害した

□ impressed
感心して

□ gobsmacked
唖然として

□ feel down
落ち込む

□ be proud of ～
～を誇りに感じている

□ be fed up with ～
～にうんざりしている

□ be ashamed of ～
～に恥じている

□ be honoured to do
～するのを光栄に思う

□ surprising / surprised

This is not a surprising result.（これは驚くべき結果ではありません。）

□ exciting / excited

We're very excited for the next game.（次の試合に向けてワクワクしています。）

□ shocking / shocked

The penalty decision was shocking.（あの PK 判定は衝撃的でした。）

□ disappointing / disappointed

I'm disappointed at the first half performance.（前半の出来に落胆しています。）

□ frustrating / frustrated

It has been a frustrating week.（イライラの募る週となっています。）

□ satisfying / satisfied

Our manager looked very satisfied.（監督はとても満足しているようでした。）

□ embarrassing / embarrassed

I'm sorry for my embarrassing behaviour.（恥ずかしい行いをして申し訳ない。）

□ disgusting / disgusted

They are disgusted with the elbow.（彼らはあの肘打ちに嫌悪感を抱いてます。）

Memo

第 7 節
サッカー英語 541～630

Section 7
Football English 541-630

■ サッカー界の名言 #07

We must always set the bar high, otherwise we do not progress.

常に基準を高く設定しなければならない。そうでないと、進歩しない。

Kylian Mbappé / キリアン・エンバペ

541 □	**huddle up** 【フ】円陣を組む	関）huddle 円陣
542 □	**smash** [smæʃ] 【動】〜を強く打つ，〜を倒す	関）smash a jinx ジンクスを破る
543 □	**technical staff** 【名】技術スタッフ	補）現代のサッカー界はデータ分析などに多大な資金と労力をかける傾向にある。
544 □	**concede** [kənˈsiːd] 【動】〜を許す，〜を与える	関）concede 3 points (相手に)勝ち点3を与える
545 □	**in a pair** 【フ】ペアで	関）in a group of three 3人組で
546 □	**go straight into the goal** 【フ】まっすぐゴールに入っていく	関）go straight through to 〜 〜まで無条件で行ける
547 □	**make a save** 【フ】セーブをする	関）one-handed save 片手セーブ
548 □	**take on 〜** 【フ】〜を引き受ける	関）take on a special role 特別な役割を引き受ける
549 □	**pass the ball around** 【フ】ボールを回す	関）prefer the tiki-taka style 細かいパス主体のサッカーを好む
550 □	**open game** 【名】スペースの空いた試合，オープンゲーム	関）end-to-end game 攻撃が行ったり来たりする試合

PK戦の前に円陣を組む
huddle up before the penalty shootout

彼は逆足でボールを強く打った。
He smashed the ball with his weaker foot.

新しい技術スタッフを雇う
hire new technical staff

5分も経たずにゴールを許す
concede a goal inside 5 minutes

ペアで練習する
practice in a pair

そのシュートはまっすぐゴールに入っていった。
The shot went straight into the goal.

なんとかセーブをする
manage to make a save

コーナーキックの際にセンターフォワードを引き受ける
take on the centre forward for a corner kick

無意味にボールを回す
pass the ball around meaninglessly

ダービー戦はここまでスペースの空いた試合となっている。
The derby has been an open game so far.

サッカー英語 551〜560

551 □	**muscular mass** 【名】筋肉量	関）body fat percentage 体脂肪率
552 □	**cover a lot of space** 【フ】多くのスペースを担う, 運動量が多い	関）move freely 自由に動く
553 □	**be on the scoresheet** 【フ】得点を記録している	補）直訳すると「スコアシートに載っている」という意味。
554 □	**initial pass** 【名】最初のパス, 1本目のパス	関）The initial shot was blocked. 最初のシュートは防がれた。
555 □	**track back 〜** 【フ】〜を追いかける	補）現代のサッカー選手は tracking system を利用して動きのデータを取ったりしている。
556 □	**horrible** [ˈhɒrəbl] 【形】恐ろしい, ひどい	関）horrible injury ひどい怪我
557 □	**hit the woodwork** 【フ】ゴールの枠に当てる	活）hit - hit - hit
558 □	**head away** 【フ】(〜を)頭で弾く	関）jump high to head away 頭で弾くために高く跳ぶ
559 □	**crash** [kræʃ] 【動】激突する　【名】衝突	関）have a crush on 〜 〜に片想いをしている
560 □	**toy with 〜** 【フ】〜をもてあそぶ, 〜をおもちゃにする	関）get toyed もてあそばれる

▶ 筋肉量を増加させる
increase muscular mass

▶ 彼はチームメイトを助けるために多くのスペースを担う。
He covers a lot of space to help his teammates.

▶ そのサイドバックは得点を記録していた。
The full back was on the scoresheet.

▶ 最初のパスが鍵となった。
The initial pass was the key.

▶ ドリブラーを追いかける
track back the dribbler

▶ 恐ろしいミスを後悔する
regret the horrible mistake

▶ 遠い位置からゴールの枠に当てる
hit the woodwork from distance

▶ ボールを頭で弾く
head away the ball

▶ ポストに激突する
crash into the post

▶ こざかしい技術でディフェンダーをもてあそぶ
toy with defenders with cheeky skills

561 □	**run in-behind** 【フ】裏に走る，裏を取る	関）go behind defenders 裏を取る
562 □	**have a go** 【フ】試しにやってみる	関）give it a try 試しにやってみる
563 □	**chest control** 【名】胸トラップ，胸でのコントロール	関）thigh control ももトラップ
564 □	**screamer** 【名】（叫んでしまうほど）強烈なシュート	関）scream 叫び声
565 □	**stand in front of 〜** 【フ】〜の前に立つ	補）コーナーキックの際に相手のゴールキーパーの前に立つのは定石。
566 □	**run out of 〜** 【フ】〜を切らす	関）We're running out of time! 時間がなくなってきてるぞ！
567 □	**record signing** 【名】記録的に高額な契約	関）set a new record 新記録を樹立する
568 □	**impressive performance** 【名】印象的なパフォーマンス	関）disappointing performance がっかりするパフォーマンス
569 □	**consistent** [kən'sɪstənt] 【形】一貫性のある	関）inconsistent 一貫性のない
570 □	**just watch the ball** 【フ】ただボール（だけ）を見る	補）日本語の「ボールウォッチャーになる」というようなニュアンスで使用できる。

▶ ディフェンダーを引きつけるために裏に走る
run in-behind to attract defenders

▶ 君はそれを試しにやってみた方が良い。
You had better have a go at it.

▶ 完璧な胸トラップ
perfect chest control

▶ 強烈なシュートで得点をする
score a screamer

▶ 意図的にボールの前に立つ
intentionally stand in front of the ball

▶ 体力を切らす
run out of stamina

▶ 記録的に高額な契約をした選手
the record signing player

▶ アウェイチームの印象的なパフォーマンス
impressive performance from the away team

▶ 準決勝における一貫性のある試合さばき
consistent refereeing in the semi-final

▶ ただボールだけを見るんじゃない！
Don't just watch the ball!

サッカー英語 571〜580

571 □	**home-grown player** 【名】生え抜きの選手	補）home-grown rule によって、チーム内の外国人選手の人数を制限しているリーグもある。
572 □	**preparation** [ˌprepəˈreɪʃn] 【名】準備	関）prepare for 〜 〜に向けて準備をする
573 □	**reckless** [ˈrekləs] 【形】無謀な	関）recklessly 無謀にも
574 □	**under control** 【フ】コントロール下に, 支配下に	関）get oneself under control 平常心を取り戻す
575 □	**head-to-head** [ˌhed tə ˈhed] 【形】直接対決の　【副】直接対決で	関）neck-and-neck 互角で
576 □	**pretend** [prɪˈtend] 【動】(〜の)ふりをする	関）pretend to be fouled ファウルをされたふりをする
577 □	**agility** [əˈdʒɪləti] 【名】敏しょう性, 機敏性	関）flexibility 柔軟性
578 □	**run of play** 【名】試合の流れ	関）change the course 流れを変える
579 □	**strength** [streŋkθ] 【名】強さ, 強み	関）strong point 長所, 強み
580 □	**restore the lead** 【フ】リードを取り戻す	補）1対0だった試合が1対1になり、そこから2対1になったときなどに使えるフレーズ。

▶ 生え抜きの選手たちの人気
the popularity of home-grown players

▶ 決勝戦に向けた準備
preparation for the final

▶ 白熱した試合での無謀なチャレンジ
a reckless challenge in a heated game

▶ 常にボールをコントロール下にキープする
always keep the ball under control

▶ 直接対決の記録に基づいて
based on the head-to-head record

▶ 右へ行くふりをする
pretend to go right

▶ その若手選手は素晴らしい敏しょう性を見せた。
The young player showed his great agility.

▶ 試合の流れに逆らって
against the run of play

▶ 彼は体の強さを最大限に活かす。
He takes full advantage of his body strength.

▶ 1分もしないうちにリードを取り戻す
restore the lead in a minute

581 □	**sloppy** ['slɒpi] 【形】雑な，いい加減な	関）sloppy defending いい加減な守備
582 □	**feint** [feɪnt] 【名】フェイント　【動】フェイントをかける	関）fake shot シュートフェイント
583 □	**wide-open net** 【名】ガラ空きのゴール	関）wide open space 広く空いたスペース
584 □	**contribute to 〜** 【フ】〜に貢献する	関）contribute a lot of money 多くのお金を寄付する
585 □	**sweaty** ['sweti] 【形】汗まみれの	関）have a fast metabolism 代謝が良い
586 □	**replace** [rɪ'pleɪs] 【動】〜を交代させる	関）replace 〜 by … 〜を…と交代させる
587 □	**dink** [dɪŋk] 【動】〜をフワッと蹴り上げる　【名】浮き球	補）サッカーテニスをしているときの相手コートにボールを返すためのキックが dink のイメージ。
588 □	**be on a yellow** 【フ】警告を受けている	関）You're already on a yellow! もう1枚もらってるんだぞ！
589 □	**surround** [sə'raʊnd] 【動】〜を取り囲む	関）adapt to one's new surroundings 新しい環境に適応する
590 □	**aggregate score** 【名】合計スコア	補）ホーム & アウェイ方式で行われた2試合の合計スコアのことを指す場合が多い。

▶ 雑なパスに対して怒る
get angry with a sloppy pass

▶ 基礎的なボディフェイントで
with a basic body feint

▶ ガラ空きのゴールにボールを入れる
put the ball into the wide-open net

▶ その交代選手は大きく勝利に貢献した。
The substitute greatly contributed to the victory.

▶ 汗まみれのシャツを替えても良いですよ。
You can change your sweaty shirt.

▶ 週の中頃の試合に備えて最多得点者を交代させる
replace the top scorer for the midweek game

▶ ボールをフワッと蹴り上げてキーパーを越えようと試みる
try to dink the ball over the goalkeeper

▶ センターバックの2人は警告を受けている。
The two centre backs are on a yellow.

▶ ドリブラーを取り囲む
surround the dribbler

▶ 合計スコアによって
by the aggregate score

サッカー英語 591～600

591 □	**title holder**	【名】前回優勝者, タイトルホルダー	関）defend one's title タイトルを防衛する
592 □	**be in fine form**	【フ】良い状態である	関）fine save 良いセーブ
593 □	**no chance for the goalkeeper**	【フ】キーパーにはどうしようもない	関）have no chance どうしようもない
594 □	**finish in the top ～**	【フ】～位以内で終わる	補）ヨーロッパの各リーグにおいては、上位の数チームに CL の出場権が与えられる。
595 □	**play with passion**	【フ】情熱を持ってプレーする	関）passionate 情熱的な, 熱い
596 □	**confidence** ['kɒnfɪdəns]	【名】自信	関）play with confidence 自信をもってプレーする
597 □	**have ～ minutes to go**	【フ】残り～分ある	補）当然だが、残り時間が1分しかないときは have 1 minute to go となる。
598 □	**appeal for ～**	【フ】～を要求する	関）appeal to ～ (決定を不服として)～に訴える
599 □	**take off one's shirt**	【フ】シャツを脱ぐ	補）得点時にシャツを脱ぐと警告の対象となるのは「過度なセレブレーションである」と判断されるため。
600 □	**instruction** [ɪn'strʌkʃn]	【名】指示, 指導	関）instructor 指導をする人, インストラクター

▶ 私たちは前回優勝者を驚かせる準備ができています。
We're ready to stun the title holder.

▶ そのサイドバックは良い状態である。
The full back is in fine form.

▶ 絶対的にキーパーにはどうしようもない
absolutely no chance for the goalkeeper

▶ 4位以内で終わるために一生懸命に頑張る
work hard to finish in the top 4

▶ 情熱を持ってプレーすることは最初の1歩だ。
Playing with passion is the first step.

▶ 自信の喪失を乗り越える
overcome a loss of confidence

▶ まだ残り10分ある。
We still have 10 minutes to go.

▶ PKを要求する
appeal for a penalty

▶ 彼はセレブレーションでシャツを脱いだ。
He took off his shirt in celebration.

▶ ピッチサイドで指示を与える
give instructions on the pitch side

サッカー英語 601～610

601 □	**be dropped from ～** 【フ】～から外される，～から落ちる	関）drop out (選手などが)抜ける，欠ける
602 □	**commit a foul** 【フ】ファウルを犯す	関）commitment 献身，専念
603 □	**ban** [bæn] 【名】出場禁止　【動】～を禁止する	関）touchline ban (監督などの)試合への参加停止
604 □	**scoop** [skuːp] 【動】～をすくい上げる　【名】スクープ	関）exclusive scoop 独占スクープ
605 □	**interval** [ˈɪntəvl] 【名】休止，インターバル	補）half time のことを interval と表現することもある。
606 □	**be on the move** 【フ】動いている	補）一般的な状況では「活動的である」という意味でも使用される。
607 □	**unmarked** [ˌʌnˈmɑːkt] 【形】マークにつかれていない	関）leave one's opponent unmarked 相手をフリーにする
608 □	**total football** 【名】全員攻撃・全員守備のサッカー	補）かつてのオランダ代表が用いていた戦術の俗称である。
609 □	**make a triangle** 【フ】三角形を作る	関）triangle passing drill 三角形のパス練習
610 □	**tense** [tens] 【形】張り詰めた，緊張した	補）ちなみに「時制」という意味もある。過去時制は past tense、未来時制は future tense となる。

彼女はW杯のチームから外された。
She was dropped from the World Cup squad.

ペナルティーボックスの近くでファウルを犯す
commit a foul near the penalty box

2試合の出場停止を受ける
receive a two-match ban

スライディングタックルをかわすためにボールをすくい上げる
scoop the ball to skip away from the sliding tackle

休止のところでシステム変更を行う
make a system change at the interval

そのウィンガーはボールを受けるために動いていた。
The winger was on the move to receive the ball.

マークにつかれていないストライカーがゴールを決めた。
The unmarked striker found the back of the net.

全員攻撃・全員守備のサッカーの復活
the revival of total football

常に中盤で三角形を作ろうと試みる
always try to make a triangle in the midfield

試合前の張り詰めた雰囲気
the tense atmosphere before the match

サッカー英語 611～620

611 □	**tip** [tɪp] 【名】(手や足の)先端, 秘訣	補）tip には「良いサービスに対する心付け」の意味もある。海外の文化として知っておこう。
612 □	**flexible** [ˈfleksəbl] 【形】柔軟性のある, 融通の利く	関）flexible system 柔軟なシステム
613 □	**decisive goal** 【名】試合を決定づけるゴール	関）game-deciding goal 試合を決めるゴール
614 □	**successor** [səkˈsesə(r)] 【名】後継者, 後任	関）predecessor 前任者, 先人
615 □	**shaky** [ˈʃeɪki] 【形】不安定な	関）be shaky on one's legs よろめく
616 □	**unlucky** [ʌnˈlʌki] 【形】不運な	補）「ドンマイ！」は和製英語なので、「アンラッキー！」と声掛けをするのが普通。
617 □	**seeded team** 【名】シードされたチーム	関）top-seeded team 第1シードのチーム
618 □	**versatile** [ˈvɜːsətaɪl] 【形】万能な, 融通が利く	補）サッカーシーンでは「複数ポジションをこなせる能力」を意味することが多い。
619 □	**hang on** 【フ】耐える, 頑張り続ける	関）hangtime 滞空時間
620 □	**spectator** [spekˈteɪtə(r)] 【名】観客, 見物人	関）pitch invader ピッチへの侵入者

▶ 彼はスパイクの先端でボールに触れた。
He touched the ball with the tip of his boot.

▶ 柔軟性のある体をしている
have a flexible body

▶ これは試合を決定づけるゴールになり得る。
This could be a decisive goal.

▶ 期待のできる後継者を見つける
find a promising successor

▶ 不安定な最終ラインを改善する
improve the shaky backline

▶ 不運なリバウンドからゴールを許す
concede a goal from an unlucky rebound

▶ シードされたチームのうち1つが敗退した。
One of the seeded teams got knocked out.

▶ 万能なディフェンダーと契約しようと試みる
try to sign a versatile defender

▶ 王者のチームを相手に耐える
hang on against the champion team

▶ 観客がピッチに入ってきている。
A spectator is coming onto the pitch.

サッカー英語 621～630

621 □	**get the cross in** 【フ】クロスを入れる	関）get stuck in ～ ～に張り切って取り掛かる
622 □	**double the lead** 【フ】リードを2倍にする	補）1対0が2対0になった状況で使用される表現である。
623 □	**have ～ players in the wall** 【フ】壁に～枚をかける	関）make a 5-man wall 5枚の壁を作る
624 □	**reflex save** 【名】反射的なセーブ	関）have good/bad reflexes 反射神経が良い/悪い
625 □	**bend** [bend] 【動】(ボールの軌道など)を曲げる	関）bend one's ear 長々と話す
626 □	**tally** ['tæli] 【名】合計数	関）keep a tally of ～ ～の数を記録する
627 □	**silly mistake** 【名】愚かなミス, ばかげたミス	関）silly behaviour 愚かなふるまい
628 □	**fatigue** [fə'tiːg] 【名】疲労	関）accumulation of fatigue 疲労の蓄積
629 □	**match-winning goal** 【名】決勝点	関）score a match-winner 決勝点を決める
630 □	**get medical treatment** 【フ】治療を受ける	関）first-aid box 救急箱

▶ エリアの角からクロスを入れる
get the cross in from the edge of the box

▶ 強烈なシュートでリードを2倍にする
double the lead with a stunner

▶ 壁に5枚をかけることを要求する
demand to have 5 players in the wall

▶ 信じられない反射的なセーブで阻止される
be denied by an unreal reflex save

▶ ボールを曲げるのに長けている
be good at bending a ball

▶ そのストライカーのゴールとアシストの合計数
the striker's goal and assist tally

▶ 愚かなミスを避ける
avoid silly mistakes

▶ 試合後の筋肉疲労
the post-match muscular fatigue

▶ 決勝点を称賛される
be praised for the match-winning goal

▶ ピッチ上で治療を受ける
get medical treatment on the pitch

Additional Time 7　褒めるための英語

選手が下手なプレーをしたときに、サポーターから野次を飛ばされるのはよく見る光景です。近年ではSNSの普及により、ミスを犯した選手が脅迫メッセージを受け取ったり、批判コメントで炎上したりするという事態も起こっています。個人が簡単に発信できてしまう時代の弊害ですね。本書の読者は真面目で勉強熱心な方が多いでしょうから、そういった流れに乗らないことはもちろん、非道徳的な行為を止める役割を果たしてほしいと思っています。とはいえ、良いプレーをしたときは「これでもか！」というくらいの称賛を受けるのもまた事実です。そこで、今回のコラムでは、サッカー選手を褒めるために使える英語を集めてみました。特に自分の応援している選手やチームには、どんなときでもポジティブな声かけをしていきましょう。

□ accurate
正確な

□ amazing
驚くべき

□ athletic
たくましい，体が強い

□ awesome
素晴らしい，最高な

□ beautiful
美しい

□ brilliant
華々しい

□ captivating
魅力的な，惚れ惚れする

□ cool
カッコいい，いかす

□ cracking
素晴らしい，超〜

□ decent
きちんとした，かなり良い

□ exceptional
並外れた

□ extraordinary
異常な，驚くほどの

□ fantastic
非現実的な，非常に良い

□ great
素晴らしい

□ impressive
感銘を与える，印象的な

□ incredible
信じられない，とてつもない

□ intelligent
知性あふれる，気の利いた

□ legendary
伝説的な

□ lovely
素敵な，素晴らしい

□ magnificent
とびきり上等な，堂々とした

□ nice
良い

□ outstanding
傑出した

□ phenomenal
驚異的な

□ precise
正確な，的確な

□ quick
素早い

□ remarkable
注目すべき，目立った

□ sensational
目覚ましい，刺激的な

□ sharp
鋭い

□ silky
滑らかな

□ skillful
巧みな，熟練した

□ spectacular
大迫力の，壮観な

□ stunning
圧巻の，驚愕の

□ superb
見事な，優れた

□ terrific
ものすごい

□ well-timed
タイミングの良い

□ wonderful
素晴らしい

Memo

第 8 節
サッカー英語 631〜720

Section 8
Football English 631-720

■ サッカー界の名言 #08

I once cried because I had no shoes to play football, but one day I met a man who had no feet.

私はかつてサッカーをするシューズがなくて泣いたことがある。でも、ある日私は足がない男に出会ったんだ。

Zinedine Zidane / ジネディーヌ・ジダン

631 □	**close the game** 【フ】試合を締める	関）play safe 安全にプレーする
632 □	**glance off 〜** 【フ】〜をかすめる，〜に当たって逸れる	関）glance off one's head 〜の頭をかすめる
633 □	**tactical foul** 【名】戦術的ファウル	補）不可抗力的なファウルではなく、目的を持って「故意的に行われるファウル」のこと。
634 □	**move to 〜** 【フ】〜へ移籍する，移動する	関）move out of 〜 〜から移籍する，〜を出る
635 □	**spatial awareness** 【名】空間認知(能力)	関）be aware of the defender ディフェンダーを認識している
636 □	**stick to 〜** 【フ】〜にこだわる	関）picky こだわりの強い
637 □	**workmanlike performance** 【名】手堅い仕事ぶり，いぶし銀のプレー	関）workrate 仕事ぶり
638 □	**cause a problem** 【フ】問題を引き起こす	補）「相手チームに問題を引き起こすような良いプレーをしている」というニュアンスで使用される。
639 □	**spill the ball** 【フ】ボールをこぼす	関）hold the ball tight がっちりボールを掴む
640 □	**controversial decision** 【名】物議をかもす判定，決定	関）controversy over 〜 〜に関する論争

▶ 5枚のディフェンスと共に試合を締める
close the game with five defenders

▶ バーをかすめたフリーキック
the free kick that glanced off the bar

▶ カードを貰わずに戦術的ファウルをする
commit a tactical foul without getting a card

▶ シーズン終了時に違うチームへ移籍する
move to another team at the end of the season

▶ 優れた空間認知能力を持っている
have excellent spatial awareness

▶ その司令塔は自身のサッカースタイルにこだわる。
The playmaker sticks to his own style of play.

▶ 手堅い仕事ぶりを評価する
evaluate the workmanlike performance

▶ 交代選手が即座に問題を引き起こした。
The substitute immediately caused a problem.

▶ キーパーが自身のゴールにボールをこぼした。
The goalkeeper spilled the ball into his own net.

▶ その試合で物議をかもす判定があった。
There was a controversial decision in the match.

サッカー英語 641～650

641 □	**convert a penalty** 【フ】PKを沈める	関）penalty conversion rate PKの決定率
642 □	**extend** [ɪk'stend] 【動】～を伸ばす，～を延長する	関）fully extend 限界まで伸ばす
643 □	**one-sided game** 【名】一方的な試合，ワンサイドゲーム	関）boring game 退屈な試合
644 □	**be switched off** 【フ】集中が切れている	関）switch one's positions ポジションを入れ替える
645 □	**back-to-back** [ˌbæk tə 'bæk] 【形】連続の	関）sit back to back 背中合わせに座る
646 □	**hug the line** 【フ】サイドに張る	補）海外ではハグをする場面が多いので気持ちの準備をしておこう。
647 □	**have ～ in one's pocket** 【フ】～を完璧に抑える，～を零封する	補）SNSにおいて、守備の選手が相手の攻撃の選手をポケットに入れているコラージュ画像がよく出回る。
648 □	**attacking fluidity** 【名】攻撃の流動性	関）change positions ポジションを変える
649 □	**need fresh legs** 【フ】交代選手を必要としている	補）直訳すると「新鮮な脚を必要とする」という意味。
650 □	**resilience** [rɪ'zɪliəns] 【名】回復力，立ち直る力	関）mental resilience 精神的な回復力

▶ 落ち着いてPKを沈める
convert a penalty calmly

▶ そのセンターバックはブロックをするために足を伸ばした。
The centre back extended his leg to make a block.

▶ 格下との一方的な試合
a one-sided game against the underdogs

▶ ディフェンダーたちは完全に集中が切れていた。
Defenders were completely switched off.

▶ 頑張って勝ち得た連続の勝利
well-earned back-to-back victories

▶ サイドに張ることを好む
prefer to hug the line

▶ 右サイドバックが鍵となる選手を完璧に抑えた。
The right back had the key player in his pocket.

▶ 攻撃の流動性の欠如
lack of attacking fluidity

▶ ホームチームは交代選手を必要としている。
The home team needs fresh legs.

▶ 驚異の回復力を示す
demonstrate impressive resilience

サッカー英語 651～660

651 □	**elapse** [ɪ'læps] 【動】経過する	関）elapsed time 経過時間
652 □	**get a hairdryer treatment** 【フ】厳しく叱られる，叱責を受ける	補）アレックス・ファーガソン監督の全盛期に認知され始めた言葉だと言われている。
653 □	**temporary** ['temprəri] 【形】一時的な	関）permanent 永続的な，常設の
654 □	**snatch a point** 【フ】勝ち点1を掴み取る	補）snatch は本来、「～をひったくる」という意味で使用されることが多い言葉である。
655 □	**watertight** ['wɔːtətaɪt] 【形】隙のない，水も漏らさない	補）一般的な状況では「耐水の」や「完璧な」という意味でも使用される。
656 □	**fill in the position** 【フ】ポジションを埋める	関）cover the space スペースをカバーする
657 □	**unselfish** [ʌn'selfɪʃ] 【形】利他的な，自己中心的でない	補）自分でもシュートができる状況で、より確率を上げるために味方にパスをするような選手に使われる。
658 □	**sweep away ～** 【フ】～を取り除く	活）sweep - swept - swept
659 □	**early doors** 【フ】早い段階で	関）at an early stage 早い段階で
660 □	**clean tackle** 【名】正当なタックル	関）clean a dressing room 控え室を掃除する

▶ 開始から30分が経過している。
The opening 30 minutes has elapsed.

▶ ハーフタイムに厳しく叱られた
got a hairdryer treatment at half time

▶ 一時的なシステムの変更
a temporary system change

▶ 終盤の同点弾で勝ち点1を掴み取る
snatch a point with a late equaliser

▶ 隙のない守備である
have a watertight defence

▶ ボールを失ったときに素早くポジションを埋める
quickly fill in the position when the ball is lost

▶ ストライカーに利他的なパスを出す
make an unselfish pass to the striker

▶ 素早く反応してボールを取り除く
react quickly and sweep away the ball

▶ 早い段階でゴールを許す
concede a goal early doors

▶ 正当なタックルでボールを取り返す
get the ball back with a clean tackle

661 □	**goal-line scramble** 【名】ゴールライン際での混戦	関）scramble through ～ ～を乗り越える
662 □	**burst forward** 【フ】突き進む	関）burst into tears ワッと泣き出す
663 □	**get a call-up** 【フ】招集される	関）be called up to ～ ～に呼ばれる
664 □	**ball hog** 【名】ボールを持ちすぎる選手	補）hog は「ブタ」という意味もあり、良い響きではないので使用するときは注意したい。
665 □	**consecutive** [kən'sekjətɪv] 【形】連続した	関）consecutively 連続して
666 □	**impede** [ɪm'piːd] 【動】～の進行を妨害する	関）impeding 進行妨害
667 □	**fixture** ['fɪkstʃə(r)] 【名】日程	関）fix the date for ～ ～の日取りを決める
668 □	**blunder** ['blʌndə(r)] 【名】大失敗，ヘマ	関）fatal mistake 致命的なミス
669 □	**wrong-footed** [ˌrɒŋ 'fʊtɪd] 【形】逆足の，逆を取られた	関）sell a dummy 逆をつく
670 □	**make a difference** 【フ】違いを生み出す	関）provide a creative spark 創造的な輝きを放つ

▶ ゴールライン際での混戦の末に
after a goal-line scramble

▶ 単独で突き進む
burst forward alone

▶ 代表チームに招集される
get a call-up to the national team

▶ ボールを持ちすぎる選手になるな。
Don't be a ball hog.

▶ 連続した0対0の引き分け
consecutive nil-nil draws

▶ 体を接触させて相手の進行を妨害する
impede the opponent with physical contact

▶ 試合日程を確認する
check the match fixture

▶ なんという決定的な大失敗だ！
What an absolute blunder!

▶ 逆足のシュートを打たされた
be forced to give a wrong-footed shot

▶ 最終局面で違いを生み出す
make a difference in the final third

サッカー英語 671～680

671 □	**harsh call** 【名】厳しい判定	関）harsh treatment 厳しい待遇, ひどい扱い
672 □	**patience** ['peɪʃns] 【名】粘り強さ, 忍耐力	関）patiently 粘り強く, 辛抱強く
673 □	**cheaply** ['tʃi:pli] 【副】安易に, 簡単に	関）take a cheap shot 卑怯な攻撃をする
674 □	**bottle** ['bɒtl] 【動】～をふいにする, ～を台無しにする	関）bottle up one's feelings 感情を押し隠す
675 □	**free-flowing football** 【名】流れるようなサッカー	関）enjoy free-flowing beer ビール飲み放題を楽しむ
676 □	**two-horse race** 【名】2強による優勝争い	関）I could eat a horse. とてもお腹が空いています。
677 □	**have wide vision** 【フ】広い視野を持っている	関）have good/bad eyesight 目が良い/悪い
678 □	**consolation goal** 【名】慰めのゴール	関）consolation match 敗者戦
679 □	**execute** ['eksɪkju:t] 【動】～を実行する	関）perfect execution 完璧な実行
680 □	**get one's body in the way** 【フ】コースに体を入れる	関）get in shape 体を鍛える

▶ あれは厳しい判定だったと思う。
I think that was a harsh call.

▶ ディフェンシブサードでの粘り強さがある
have patience in the defensive third

▶ とても安易にボールを失う
lose the ball very cheaply

▶ あっけなく2点のリードをふいにする
bottle a two-goal lead too easily

▶ 流れるようなサッカーに惹かれる
be attracted to the free-flowing football

▶ 完全なる2強による優勝争い
a complete two-horse race

▶ ピッチ上で広い視野を持っている
have wide vision on the pitch

▶ ヘディングで慰めのゴールを決める
score a consolation goal with a header

▶ 彼女は華麗に特殊な技を実行した。
She beautifully executed her special trick.

▶ 彼女はシュートのコースに体を入れた。
She got her body in the way of the shot.

681 ☐	**enthusiasm** [ɪnˈθjuːziæzəm] 【名】情熱, 熱狂	関）enthusiastic 熱狂的な
682 ☐	**go level** 【フ】同点にする	関）go to the next level 次の段階に進む
683 ☐	**glancing header** 【名】すらしヘッド	関）get a slight touch かすかなタッチをする
684 ☐	**prove one's talent** 【フ】才能を証明する	関）prove one's ability 能力を証明する
685 ☐	**greedy** [ˈɡriːdi] 【形】貪欲な	関）be greedy for victory 勝利に貪欲である
686 ☐	**flick-on** 【名】フリック, 軽いタッチ	関）flick-on with one's back-heel かかとでのフリック
687 ☐	**philosophy** [fəˈlɒsəfi] 【名】哲学, 考え方	関）club philosophy クラブの哲学
688 ☐	**deft** [deft] 【形】器用な, 巧妙な	関）awkward ぎこちない
689 ☐	**still 〜 matches remaining** 【フ】まだ〜試合が残って	補）当然だが、1試合のみしか残っていない場合には still 1 match remaining となる。
690 ☐	**be eliminated** 【フ】敗退させられる	関）elimination round 予選

▶ サッカーへの激しい情熱
tremendous enthusiasm for football

▶ 即座に同点にする
immediately go level

▶ 素晴らしいすらしヘッドでリードを広げる
extend the lead with a lovely glancing header

▶ 彼女はハットトリックで才能を証明した。
She proved her talent with a hat-trick.

▶ 得点をしようと貪欲になりすぎる
become too greedy to score

▶ 素晴らしいフリック
an excellent flick-on

▶ その有名な監督のサッカー哲学
the famous manager's football philosophy

▶ 器用なタッチ
a deft touch

▶ まだ3試合が残っている。
There are still 3 matches remaining.

▶ そのチームはグループステージで敗退させられた。
The team was eliminated in the group stage.

691 □	**make an immediate impact** 【フ】即座の効果をもたらす	関）impactful 影響の強い
692 □	**float in a cross** 【フ】ゆるいクロスを上げる	関）float in the air 空中で浮遊する
693 □	**lose one's temper** 【フ】カッとなる，平静を失う	関）blow up (怒りなどが)爆発する
694 □	**anticipation** [ænˌtɪsɪˈpeɪʃn] 【名】予測	関）anticipate ～を予測する
695 □	**goal contribution** 【名】ゴールへの貢献(度)	補）direct goal contribution と言ったら、一般的にはゴールとアシストの合計のことを指す。
696 □	**provocative** [prəˈvɒkətɪv] 【形】挑発的な	関）give ～ the finger ～に中指を立てる
697 □	**run down the clock** 【フ】時計の針を進める	関）take no risk 危険を冒さない
698 □	**play for pride** 【フ】誇りのためにプレーをする	補）すでに敗退が決定している試合前のミーティングなどで聞かれるフレーズである。
699 □	**make no mistake from the spot** 【フ】PKをきっちり沈める	関）by mistake 誤って，間違って
700 □	**interim manager** 【名】暫定監督	関）permanent manager 常任監督

▶ 交代後に即座の効果をもたらす
make an immediate impact after the substitution

▶ 左からゆるいクロスを上げる
float in a cross from the left

▶ 彼は簡単にカッとなる傾向を持ってる。
He has a tendency to lose his temper easily.

▶ ボールを回収するための予測
anticipation to recover the ball

▶ 1試合の平均ゴールへの貢献度
the average goal contribution per game

▶ 挑発的なジェスチャーは厳格に禁じられている。
Provocative gestures are strictly prohibited.

▶ リードを保つために時計の針を進める
run down the clock to keep the lead

▶ 残りの試合を誇りのためにプレーをする
play for pride in the remaining matches

▶ その司令塔はPKをきっちり沈めた。
The playmaker made no mistake from the spot.

▶ 暫定監督として任命される
be appointed as an interim manager

701 □	**back and forth** 【フ】前後へ	関）go all the way 最後まで行く
702 □	**play out from the back** 【フ】後方からプレーを作る	関）play outside 外で遊ぶ
703 □	**back-pedal** [ˌbæk ˈpedl] 【動】後ろ向きに走る	補）一般的な状況では「(意見などを)変える」という意味でも使用される。
704 □	**shut out ～** 【フ】～を零封する	活）shut - shut - shut
705 □	**ups and downs** 【名】浮き沈み, 上がり下がり	関）go through ups and downs 浮き沈みを経験する
706 □	**break the deadlock** 【フ】均衡を破る	補）deadlock には「同点の状態」や「こう着状態」という意味がある。
707 □	**contender** [kənˈtendə(r)] 【名】有力な相手, 競争者	関）contend 競争する, ～を強く主張する
708 □	**sprint** [sprɪnt] 【動】ダッシュをする　【名】ダッシュ	関）50 metres sprint 50メートル走
709 □	**be dispossessed** 【フ】ボールを失う	関）dispossess A of B AからBを奪う
710 □	**receive one's marching order** 【フ】退場の指示を受ける	関）march onto the pitch ピッチ上に行進してくる

▶ 前後へ自由に動く
freely move back and forth

▶ 見事に後方からプレーを作る
play out from the back superbly

▶ 素早く後ろ向きに走るための秘訣
tips on how to back-pedal fast

▶ どんなアタッカーでも零封することができる
be able to shut out any attacker

▶ クラブの浮き沈み
the club's ups and downs

▶ やっとのことで均衡を破る
finally break the deadlock

▶ 優勝争いの有力な相手
the title contender

▶ その中盤の選手はルーズボールに向かってダッシュをした。
The midfielder sprinted for a loose ball.

▶ 自陣でボールを失うべきではない。
You shouldn't be dispossessed in your own half.

▶ 彼は審判から退場の指示を受けた。
He received his marching order from the referee.

711 □	**exhausted** [ɪɡ'zɔ:stɪd] 【形】疲れ切っている	関）exhausting match 疲労困憊になる試合
712 □	**dominate** ['dɒmɪneɪt] 【動】〜を支配する，〜を圧倒する	関）midfield general 中盤の支配者
713 □	**overturn** [ˌəʊvə'tɜ:n] 【動】〜を覆す，〜をひっくり返す	関）overturn the situation 状況をひっくり返す
714 □	**audacious** [ɔ:'deɪʃəs] 【形】大胆な，厚かましい	関）audacity 大胆さ，厚かましさ
715 □	**pull the trigger** 【フ】(攻撃などの)スイッチを入れる	補）直訳すると「引き金を引く」という意味。
716 □	**seal the win** 【フ】勝利を確実にする	関）seal the deal 契約を締結する
717 □	**suspension** [sə'spenʃn] 【名】出場停止	関）suspend 〜を出場停止にする
718 □	**hesitate** ['hezɪteɪt] 【動】〜をためらう	関）hesitate to give a shot シュートを打つのをためらう
719 □	**be on a different level** 【フ】違うレベルにいる	関）be on a vacation 休暇中である
720 □	**in-form** 【形】絶好調の	関）be in good form 調子が良い，好調である

▶ 試合後に疲れ切っているように見えた
looked exhausted after the match

▶ 中盤を支配する
dominate the midfield

▶ 審判の判定を覆すことを試みる
try to overturn the referee's decision

▶ 大胆なタックル
an audacious tackle

▶ 前方へのパスでスイッチを入れる
pull the trigger with a pass forward

▶ 勝利を確実にするためにもう1点を決める
score another goal to seal the win

▶ 3試合の出場停止
a three-match suspension

▶ ボールをクリアするのをためらう
hesitate to clear the ball

▶ そのゴールキーパーは違うレベルにいる。
The goalkeeper is on a different level.

▶ 絶好調のストライカー
the in-form striker

Additional Time 8　日本人に馴染みのない単位

英語圏で使用される単位の中には、日本人にとって馴染みのないものが多くあります。例えば、27 cm サイズのメンズシューズはイギリスでUK 8.5 という表記で販売されていたりします。海外でのコミュニケーションを円滑に行うためには、このような慣習への順応も必要不可欠です。特にシューズに関しては、メーカーや個人の好みによって、どのサイズでフィット感を得られるかというのは変わってくるので、慎重に選ぶ必要がありますね。もっとサッカーに直結する話としては、フリーキックの際の壁までの距離が挙げられます。9.15 メートルを中途半端な数字だと感じたことがある人もいるかもしれませんが、実はこの 9.15 メートルという長さは 10 ヤードとほぼ同値なのです。私も初めて知ったときはなるほど！と思いました。このように、海外で生活をするにあたって知っておくべき単位は他にもあります。今回のコラムでは特にイギリスを中心とした欧州圏で一般的に使用されている単位とそれを用いた英語表現をまとめてみました。ぜひ、ご確認ください。

□ **pint**　パイント：液量の単位　※ 1 pint = 568 ml

Do you fancy a pint?　一杯どう？

□ **penny**　ペニー：お金の単位　※ 複 pence、100 pence = 1 pound

be worth every penny　価格に見合った価値がある

□ **pound**　ポンド：お金の単位　※ 1 pound = 約 180 円（執筆時）

100-pound deposit　100 ポンドの頭金

☐ **euro**　ユーロ：お金の単位　　※ 1 euro = 約 160 円（執筆時）

weak yen and strong euro　円安ユーロ高

☐ **inch**　インチ：長さの単位　　※ 1 inch = 2.54 cm

inch-perfect through ball　寸分の狂いもないスルーパス

☐ **foot**　フット：長さの単位　　※ 複 feet、1 foot = 30.48 cm

He is six feet tall.　彼は 6 フィートの背の高さだ。

☐ **yard**　ヤード：長さの単位　　※ 1 yard = 91.44 cm

at least 10 yards away　少なくとも 10 ヤード離れて

☐ **mile**　マイル：長さの単位　　※ 1 mile = 約 1.61 km

offside by a mile　明らかなオフサイド

☐ **ounce**　オンス：重さの単位　　※ 1 ounce = 約 28.35 g

have an ounce of confidence　わずかの自信を持つ

☐ **pound**　パウンド：重さの単位　　※ 1 pound = 約 0.45 kg

lose 10 pounds　10 パウンド落とす

☐ **acre**　エーカー：広さの単位　　※ 1 acre = 約 4047 ㎡

acres of space　広大なスペース

Memo

第 9 節
サッカー英語 721〜810

Section 9
Football English 721-810

■ サッカー界の名言 #09

There are ups and downs, but whatever happens, you have to trust and believe in yourself.

浮き沈みはある。でも、何が起ころうとも、自分自身を信じなければならない。

Luka Modrić / ルカ・モドリッチ

721 □	**expose** [ɪk'spəʊz] 【動】～をさらす	関）expose one's weakness 弱点をさらけ出す
722 □	**threaten the goal** 【フ】ゴールを脅かす	関）threat 脅威, 危険な存在
723 □	**penalise** ['piːnəlaɪz] 【動】～を罰する	関）be penalised for ～ ～のことで罰せられる
724 □	**organise one's feet** 【フ】足を合わせる	関）adjust one's feet 足を合わせる
725 □	**abandon** [ə'bændən] 【動】～を棄権する, ～を放棄する	関）postpone ～を延期する
726 □	**pushover** ['pʊʃəʊvə(r)] 【名】楽勝, たやすい相手	関）push over 押し倒す
727 □	**hammer** ['hæmə(r)] 【動】～を粉砕する, ～を一方的に負かす	関）hammer out the solution 解決策を考え出す
728 □	**last-ditch defending** 【名】最終局面での守備	関）make a last-ditch effort 最後の力を振り絞る
729 □	**palm** [pɑːm] 【動】～を手のひらで弾く	関）fist こぶし, ～をグーで殴る
730 □	**tenacious** [tə'neɪʃəs] 【形】頑強な, 粘り強い	関）play with great tenacity かなり粘り強くプレーをする

▶ スペースをさらさないように
in order not to expose space

▶ 遠い位置からのシュートでゴールを脅かす
threaten the goal with a long-range shot

▶ 暴力的な行いを罰する
penalise the violent conduct

▶ 彼はボールを強く叩くためにきちんと足を合わせた。
He neatly organised his feet to smash the ball.

▶ 我々はその試合を棄権しなければならない。
We've got to abandon the game.

▶ 次の相手は楽勝にはならないだろう。
The next opponent won't be a pushover.

▶ 昇格チームを粉砕する
hammer the promoted side

▶ 必死の最終局面での守備
the desperate last-ditch defending

▶ 上手くボールを手のひらで弾きとばす
nicely palm the ball away

▶ 頑強な4バック
tenacious back four

731 □	**mistimed tackle** 【名】タイミングを誤ったタックル	関）mistimed substitution タイミングを誤った交代
732 □	**get a fingertip** 【フ】指先で触る	関）touch the ball lightly 軽くボールに触る
733 □	**salvage a point** 【フ】勝ち点1を拾い上げる	関）salvage the situation 状況を打開する
734 □	**go against the script** 【フ】番狂わせが起きる	補）直訳すると「脚本に逆らう」という意味。
735 □	**send ～ the wrong way** 【フ】～を逆方向に送る，～を引っかける	関）send ～ for a hotdog ～を明後日の方向に送る
736 □	**hang up one's boots** 【フ】引退する	補）直訳すると「スパイクを掛ける」という意味。
737 □	**close the gap** 【フ】差を縮める	関）widen the gap 差を広げる
738 □	**improvisation** [ˌɪmprəvaɪˈzeɪʃn] 【名】即興的なプレー	関）improvise 即興的なプレーをする
739 □	**comfortable** [ˈkʌmftəbl] 【形】余裕の	関）comfortably 余裕で，難なく
740 □	**encounter** [ɪnˈkaʊntə(r)] 【動】～と対戦する，～と遭遇する	関）exciting encounter ワクワクするような対戦

▶ 明らかにタイミングを誤ったタックル
a clearly mistimed tackle

▶ ゴールキーパーが指先で触ったように見えた。
It looked like the goalkeeper got a fingertip.

▶ 終了前の同点弾でなんとか勝ち点1を拾い上げる
manage to salvage a point with a late equaliser

▶ いくつかの試合で番狂わせが起こった。
Some matches went against the script.

▶ ディフェンダーを逆方向に送る
send the defender the wrong way

▶ 伝説の男が引退することを決めた。
The legendary man decided to hang up his boots.

▶ 上手く首位のチームとの差を縮める
successfully close the gap on the league leader

▶ 素晴らしい即興的なプレー
a brilliant piece of improvisation

▶ キーパーによる余裕のセーブ
a comfortable save by the goalkeeper

▶ 彼らはトーナメント戦でライバルと対戦するだろう。
They'll encounter their rival in the knockout stage.

741 □	**boss the midfield** 【フ】中盤を支配する	関）bossy 態度の大きい, 威張りっぽい
742 □	**get off to a flying start** 【フ】幸先の良い立ち上がりをする	関）get off to a bad start 悪い立ち上がりをする
743 □	**desperately** ['despərətli] 【副】必死に, 死に物狂いで	関）desperate defending 必死の守備
744 □	**roll the dice** 【フ】勝負を仕掛ける	補）直訳すると「サイコロを振る」という意味。
745 □	**killer instinct** 【名】負けん気, 気持ちの強さ	関）lose one's killer instinct 闘争本能を失う
746 □	**teasing ball** 【名】絶妙なボール	関）tease 〜をからかう
747 □	**provisional** [prə'vɪʒənl] 【形】暫定的な, 仮の	関）provisional matchday 暫定的な試合日
748 □	**stagnate** [stæg'neɪt] 【動】(攻撃などが)停滞する	関）period of stagnation 停滞の期間
749 □	**peach** [piːtʃ] 【名】素晴らしいシュート, ゴール	補）「桃」という意味のはずの peach の驚きの使用法だが、よく聞くので覚えておきたい。
750 □	**sanction** ['sæŋkʃn] 【動】〜に制裁を与える　【名】制裁	関）receive a sanction from 〜 〜から制裁を受ける

▶ 完全に中盤を支配する
completely boss the midfield

▶ ホームチームが幸先の良い立ち上がりをした。
The home side got off to a flying start.

▶ カウンターを止めるために必死に走って戻る
desperately race back to stop the counter-attack

▶ 早い段階で勝負を仕掛ける
roll the dice at an early stage

▶ その少年が負けん気を示した。
The boy proved his killer instinct.

▶ ファーポスト側に絶妙なボールを送る
send a teasing ball to the far post

▶ 暫定的なリーグ順位表を見る
take a look at the provisional league table

▶ 時間が経つにつれて停滞する
stagnate as the time goes by

▶ 絶対的に素晴らしいシュート
an absolute peach

▶ サッカー協会はそのクラブに制裁を与えることを決めた。
The FA decided to sanction the club.

サッカー英語 751〜760

751 □	**domestic** [də'mestɪk] 【形】国内の	関）European 欧州の
752 □	**dead ball situation** 【名】ボールがプレーされない状況	関）dead ball specialist セットプレーの名手
753 □	**be open** 【フ】空いている，ノーマークである	関）open-minded 偏見のない，広い心の
754 □	**leave 〜 behind** 【フ】〜を置き去りにする	関）leave one's shin pads behind すねあてを置き去りにする
755 □	**exchange of passes** 【名】パス交換	関）exchange passes パス交換をする
756 □	**there's no room to play** 【フ】プレーをするスペースがない	補）No Room for Racism「人種差別の余地はない」のスローガンは目にしたことがあるかもしれない。
757 □	**interfere with 〜** 【フ】〜に干渉する，〜を邪魔する	補）オフサイド判定の際に「相手に干渉したか」は重要なポイントとなる。
758 □	**outstretched** [ˌaʊt'stretʃt] 【形】広がった，(目一杯に)伸ばした	補）ハンドの判定の際に腕が広がっていたか、伸びていたかというのは重要なポイントとなる。
759 □	**crucial** ['kruːʃl] 【形】値千金の，極めて重要な	関）in a crucial moment 極めて重要なときに
760 □	**stop a promising attack** 【フ】チャンスの芽を摘む	補）Stopping a Promising Attack はSPA(スパ)と略される。

▶ 最も多くの国内の優勝をしているクラブ
a club with the most domestic titles

▶ ボールがプレーされない状況の間に
during a dead ball situation

▶ 明らかに、右側でそのストライカーが空いていた。
Clearly, the striker was open on the right.

▶ ディフェンダーを置き去りにする
leave the defender behind

▶ 速いテンポのパス交換
high-tempo exchange of passes

▶ 中央にはプレーをするスペースがない。
There's no room to play in the centre area.

▶ ボールに触れずにディフェンダーに干渉する
interfere with the defender without touching the ball

▶ そのディフェンダーの腕は広がってはいなかった。
The defender's arm was not outstretched.

▶ 値千金のアウェイゴールを決める
score a crucial away goal

▶ 無謀なチャレンジでチャンスの芽を摘む
stop a promising attack by a reckless challenge

サッカー英語 761〜770

761 □	**composure**	[kəm'pəʊʒə(r)]	【名】落ち着き	関）keep one's composure 平静を保つ
762 □	**whip the ball in**		【フ】ボールをバシンと蹴り入れる	関）whip sense into 〜 〜にセンスを叩き込む
763 □	**lively**	['laɪvli]	【形】活発な，イキイキとした	関）have a lively time ハラハラする時間を過ごす
764 □	**test the keeper**		【フ】試しにシュートを打つ	関）measure one's ability 能力を測る
765 □	**receive a harsh welcome**		【フ】洗礼を受ける	補）一般的な「洗礼を受ける」は be baptised で表現できる。海外では宗教観が強い人も多い。
766 □	**outpace**	[ˌaʊt'peɪs]	【動】〜にスピードで勝つ	関）outnumber 〜に数で勝る
767 □	**6-pointer**		【名】勝ち点6をかけた試合，シックスポインター	補）競い合っているチームとの直接対決に勝てば、自分たちは勝ち点3を獲得し、相手は勝ち点3を逃す。
768 □	**powerhouse**	['paʊəhaʊs]	【名】強豪，一大勢力	関）minor team 弱小チーム
769 □	**dynamic**	[daɪ'næmɪk]	【形】動的な，力強い	関）bring dynamism 力強さをもたらす
770 □	**dodgy keeper**		【名】低レベルなキーパー	関）dodgy 危なっかしい，安全でない

▶ そのボランチは絶対に落ち着きを失わない。
The holding midfielder never loses his composure.

▶ 右からボールをバシンと蹴り入れる
whip the ball in from the right

▶ 活発な試合の始まり
the lively beginning of the match

▶ 試しにシュートを打つことを助言される
be advised to test the keeper

▶ アウェイの試合で洗礼を受ける
receive a harsh welcome in an away game

▶ ディフェンダーにスピードで勝つ
outpace the defender

▶ 降格圏における勝ち点6をかけた試合で勝利する
win in a relegation 6-pointer

▶ リーグの2つの強豪
the two biggest powerhouses in the league

▶ 動的なストレッチは動きの範囲を向上させる。
Dynamic stretches improve the range of motion.

▶ その低レベルなキーパーが大きなミスをした。
The dodgy keeper made a big mistake.

サッカー英語 771～780

771 □	**misconduct** [ˌmɪsˈkɒndʌkt] 【名】誤った行為	関）engage in misconduct 不祥事に関与する
772 □	**stumble** [ˈstʌmbl] 【動】つまづく	関）stumble upon ～ ～に偶然出会う
773 □	**fortunate** [ˈfɔːtʃənət] 【形】幸運な	関）fortunately 幸運にも
774 □	**silence critics** 【フ】批評家たちを黙らせる	関）a minute of silence 1分間の黙とう
775 □	**skin** [skɪn] 【動】～を抜き去る	関）have a thick skin 鈍感である，厚かましい
776 □	**decision-making** [dɪˈsɪʒn meɪkɪŋ] 【名】判断，プレー選択	関）influence the decision-making プレー選択に影響を与える
777 □	**earn** [ɜːn] 【動】(ゴール数など)をかせぐ，～をもたらす	関）earn a lot of money たくさんのお金を稼ぐ
778 □	**fox in the box** 【名】近い位置からゴールを決める選手	関）have a nose for the goal ゴールへの嗅覚を持っている
779 □	**tiring** [ˈtaɪərɪŋ] 【形】しんどい，疲れさせるような	関）mentally tiring 精神的にしんどい
780 □	**match-ready** 【形】試合に出る準備ができた	関）be ready for the match 試合の準備ができている

▶ 誤った行為に対して罰を受ける
be punished for the misconduct

▶ ボトルにつまづく
stumble on a bottle

▶ 幸運なリバウンドから得点する
score from a fortunate rebound

▶ 彼は批評家たちを黙らせるために全力を尽くした。
He did his best to silence critics.

▶ 稲妻のような速さでディフェンスを抜き去る
skin the defender with the lightning pace

▶ 最終局面での賢い判断
wise decision-making in the final third

▶ たくさんのゴール数をかせぐ
earn a number of goals

▶ そのフォワードはただ近い位置からゴールを決める選手だ。
The forward is just a fox in the box.

▶ しんどい週の後で休日を楽しむ
enjoy the days off after a tiring week

▶ その左サイドバックは試合に出る準備ができていない。
The left back is not match-ready.

サッカー英語 781〜790

781 □	**keep 〜 at bay** 【フ】〜を寄せ付けない	関）keep 〜 quiet 〜を目立たなくさせる
782 □	**halve the lead** 【フ】リードを半分にする	補）例えば、2対0だったスコアが2対1になった際に使用できる。
783 □	**leap** [li:p] 【名】高い跳躍　【動】跳ぶ	関）take a big leap 大躍進する
784 □	**stride** [straɪd] 【名】歩幅	関）take a long stride 歩幅を長く取る
785 □	**discipline** [ˈdɪsəplɪn] 【名】規律, 統率	関）discipline oneself 自分を律する
786 □	**shrug off 〜** 【フ】〜をかわす	関）shrug off one's hand 〜の手を払いのける
787 □	**hold one's position** 【フ】ポジションを維持する	関）lose one's hold on the team チームへの影響力をなくす
788 □	**create an overload** 【フ】数的優位を作る	関）positional overload ポジショニングによる数的優位
789 □	**go into the referee's notebook** 【フ】イエローカードをもらう	補）カードを出したとき、得点が決まったときなどに審判が何か書いているのを見たことがあるはず。
790 □	**be involved in 〜** 【フ】〜に関与している	補）一般的に be directly involved in 〜 と言ったら、ゴールかアシストで関与しているということ。

▶ 絶好調のストライカーを寄せ付けない
keep the in-form striker at bay

▶ 後半の初めにリードを半分にする
halve the lead at the beginning of the second half

▶ 伝説的な高い跳躍
the legendary leap

▶ そのアーリークロスにはちょうど歩幅分だけ届かなかった。
The early cross was just one stride away.

▶ チームに規律を導入する
instill good discipline in the team

▶ 華麗にタックルをかわした
beautifully shrugged off the tackle

▶ 彼女はチームのバランスを保つためにポジションを維持した。
She held her position to keep the team balance.

▶ サイドで数的優位を作る
create an overload in the wide area

▶ ひどいタックルでイエローカードをもらう
go into the referee's notebook for a terrible tackle

▶ その司令塔は10ゴールに関与している。
The playmaker has been involved in 10 goals.

791 □	**retaliation** [rɪˌtæliˈeɪʃn] 【名】報復(行為)	関）revenge 仕返し，報復，リベンジ
792 □	**possible penalty** 【名】PKの可能性があるもの	関）possible handball ハンドの可能性があるもの
793 □	**favourite** [ˈfeɪvərɪt] 【名】有力候補　【形】お気に入りの	補）favorite ではなく favourite と綴るのがイギリス式。
794 □	**pull one back** 【フ】1点を返す	関）pull another one back さらにもう1点を返す
795 □	**blaze over the bar** 【フ】シュートをふかす	補）blaze は「激しい炎」を意味する言葉。ちなみに、「発炎筒」は英語で flare という。
796 □	**be allowed to use 〜 subs** 【フ】〜人の交代が認められている	関）roll-on-roll-off subs 自由交代(制)
797 □	**leave 〜 motionless** 【フ】〜を無力化する，〜を動けなくする	関）stay motionless 動かずにじっとしている
798 □	**weave past 〜** 【フ】〜をかいくぐる	活）weave - wove - woven
799 □	**half-hearted** [ˌhɑːf ˈhɑːtɪd] 【形】消極的な，生ぬるい，中途半端な	関）half-hearted effort 生ぬるい努力
800 □	**underestimate** [ˌʌndərˈestɪmeɪt] 【動】〜を見くびる，〜を過小評価する	関）overestimate 〜を過大評価する

▶ 危険なスライディングタックルへの報復として
in retaliation for the dangerous slide tackle

▶ VARはPKの可能性があるものをチェックしている。
The VAR is checking a possible penalty.

▶ 彼らはリーグ優勝の有力候補になり得る。
They can be a big favourite to win the league.

▶ セットプレーから1点を返す
pull one back from a set-piece

▶ 終盤でシュートをふかす
blaze over the bar in the last minute

▶ その試合では5人の交代が認められている。
We are allowed to use 5 subs in the match.

▶ そのフリーキックはキーパーを無力化した。
The free kick left the goalkeeper motionless.

▶ 一連のタックルをかいくぐる
weave past a series of challenges

▶ まったくもって消極的なように見える
look really half-hearted

▶ 私たちは彼の能力を見くびるべきではない。
We shouldn't underestimate his ability.

サッカー英語 801〜810

801 □	**put 〜 up against …** 【フ】(セットプレーなどで)〜を…にあてる	関) run up against 〜 〜にぶつかる, 〜に偶然出くわす
802 □	**head home** 【フ】頭で得点をする	補) head には「ある方向に進む」という意味もあるので、head home は「家に帰る」という意味にもなる。
803 □	**do the dirty work** 【フ】汚れ仕事をする	補) 主に守備面でハードワークをすることを指す表現である。
804 □	**throwaway match** 【名】消化試合	関) throw away 〜を投げ捨てる
805 □	**be brought down** 【フ】引っ張り倒される	活) bring - brought - brought
806 □	**age like fine wine** 【フ】良い年の取り方をする	補) 直訳すると「良いワインのように熟成する」という意味。
807 □	**scapegoat** [ˈskeɪpgəʊt] 【名】戦犯　【動】〜に罪を負わせる	補) 特定の選手を戦犯にするのはやめよう。サッカーはチームスポーツ。
808 □	**kick the ball into row Z** 【フ】遠くへボールを蹴り飛ばす	補) row Z というのは観客席の最終列を指す言葉である。
809 □	**elevator club** 【名】昇格と降格を繰り返すクラブ	補) 同じ意味の yo-yo club という表現が使用されることもある。
810 □	**catch the ball right** 【フ】ボールの芯をとらえる	補) right には「右」という意味の他に「正確に」や「正しく」という意味もある。

▶ 主将を最も大きな相手にあてる
put the skipper up against the biggest opponent

▶ 頭で得点をして均衡を破る
head home to break the deadlock

▶ スター選手のために汚れ仕事をする
do the dirty work for the star player

▶ 私たちにとって、それはただの消化試合ではありません。
It's not just a throwaway match for us.

▶ そのドリブラーはボックス付近で引っ張り倒された。
The dribbler was brought down near the box.

▶ 彼は良い年の取り方をしている。
He has aged like fine wine.

▶ そのセンターバックを戦犯とみなす
regard the centre back as a scapegoat

▶ ゴールキーパーが遠くへボールを蹴り飛ばした。
The goalkeeper kicked the ball into row Z.

▶ 昇格と降格を繰り返すクラブが長期戦略を作った。
The elevator club created a long-term strategy.

▶ ボレーでボールの芯をとらえた
caught the ball right on the volley

Additional Time 9　汚い表現

この手の話題に踏み込むのは気が引けるのですが、「サッカーと英語」を考えるにあたって汚い表現は避けることができないと考えています。学校や塾で習うことはまずありませんし、使用してはいけない言葉という印象が強いので、日本人で使い方を知っている人は稀だと思います。しかし、海外のサッカー選手はピッチ内外でそういった表現を結構使用します。もちろん望ましいことではないので、日本人が自ら積極的に使用する必要はないですが、周りの温度感に合わせるためにも、覚えておくと良いと思います。（気分を害された方がいたら申し訳ありません！）

□ Fuck!
クソ！

□ Fuck you!
くたばれ！

□ Fuck me!
最悪だ！

□ fucking + 形容詞
クソほど～

□ fuck up
しくじる

□ Go fuck yourself!
消えろ！

□ Shit!
クソ！

□ bitch
嫌な女，あばずれ

□ Fuck off!
失せろ！

□ What the fuck?
なんだって？

□ 動詞 + as fuck
クソほど～

□ Shut the fuck up!
黙りやがれ！

□ Fuck no!
そんなわけねぇだろ！

□ Stop fucking around!
ふざけてんじゃねぇ！

□ shitty
クソな，しょうもない

□ wanker
マスかき野郎，くそったれ

第 10 節
サッカー英語 811～900

Section 10
Football English 811-900

■ サッカー界の名言 #10

I think I'm a special one.

私は自分を特別な男だと思っている。

José Mourinho / ジョゼ・モウリーニョ

サッカー英語 811〜820

811 □	**reducer** 【名】ぶちかまし, 激しいタックル	補）試合の序盤において、相手選手をビビらせる目的で行われる激しいタックルのこと。
812 □	**cheat** [tʃiːt] 【動】ズルをする　【名】ズル	補）一般的な状況では「(試験で)カンニングをする」や「浮気をする」などの意味でも使用される。
813 □	**donkey** [ˈdɒŋki] 【名】下手くそ, ノロマ	関）slowcoach ノロマ
814 □	**hard man** 【名】強い選手, タフな選手	関）tough guy 屈強なやつ
815 □	**lumber** [ˈlʌmbə(r)] 【動】重々しく動く	補）一般的な状況では「材木」などの意味でも使用される。
816 □	**give 110%** 【フ】限界以上の努力をする	補）日本語だと120%と言いたくなるところだが、英語では110%が普通。
817 □	**be all over 〜** 【フ】〜をつかみまくりである	関）It's all over now. これですべて終わりだ。
818 □	**animal** [ˈænɪml] 【名】獣, 荒々しい選手, 動物	関）party animal パーティ好きのやつ
819 □	**blind** [blaɪnd] 【形】目が見えない	補）とても失礼な言い方に感じるが、悲しいことに使用する人は多い。毅然とした態度で対応しよう。
820 □	**bypass** [ˈbaɪpɑːs] 【動】(中盤など)をとばす, 〜を回避する	関）bypass the rule ルールを無視する

▶ 生意気な若いやつにぶちかましをする
put a reducer on the cheeky young lad

▶ ズルをして勝とうとするな！
Don't try to win by cheating!

▶ あの右サイドバックはマジで下手くそだ。
The right back is a big donkey.

▶ その強い選手は10回のタックルを成功させている。
The hard man has made 10 successful tackles.

▶ 重々しく動くだけで何もしない
just lumber around and do nothing

▶ チームのために常に限界以上の努力をする
always give 110% for the team

▶ 左サイドバックがウィンガーをつかみまくりであった。
The left back was all over the winger.

▶ 彼らは本当に獣のようでした。
They were really like animals.

▶ 審判、目が見えないのか？
Ref, are you blind?

▶ ロングボールで中盤をとばす
bypass the midfield with a long ball

821 □	**double-mark** 【動】〜に2枚でいく　【名】2枚でのマーク	関）triple-mark 〜に3枚でいく
822 □	**first time** 【フ】迷わず，まず	関）without hesitation ためらわず，躊躇なく
823 □	**show the ball** 【フ】ボールをさらす	補）「食いつかせたい」などの目的を持ってボールをさらしているのであれば、ポジティブな意味となる。
824 □	**neutral venue** 【名】中立地	関）take a neutral stand 中立の立場を取る
825 □	**be bottom of the table** 【フ】最下位である	関）hit rock bottom どん底の状態になる
826 □	**cheer for 〜** 【フ】〜を応援する	補）イギリス人はよく「ありがとう」という意味で Cheers, mate! と言うことも覚えておきたい。
827 □	**with one's back to goal** 【フ】ゴールに背を向けて	関）toward the goal ゴールへ向かって
828 □	**deceive** [dɪ'siːv] 【動】〜をだます	関）deceive oneself 思い違いをする
829 □	**instinctively** [ɪn'stɪŋktɪvli] 【副】本能で，直感的に	関）on impulse 衝動的に
830 □	**gift** [gɪft] 【動】〜を献上する	関）gifted player 才能のある選手

▶ スター選手に2枚でいく
double-mark the star player

▶ 迷わずシュート打つべきだったよ。
You should have taken the shot first time.

▶ ディフェンダーを引きつけるためにボールをさらす
show the ball to attract defenders

▶ 決勝は中立地で行われる。
The final will be played at a neutral venue.

▶ 初めの頃、我々のチームは最下位だった。
At first, our team was bottom of the table.

▶ 私たちを応援しに来てくれてありがとう。
Thanks for coming to cheer for us.

▶ ゴールに背を向けてプレーしないようにするすべきだ。
You should try not to play with your back to goal.

▶ 1対1の状況でディフェンダーをだます
deceive a defender in a one-on-one situation

▶ 本能でリバウンドに素早く反応する
react quickly to the rebound instinctively

▶ 開始直後にオウンゴールを献上する
gift an own goal immediately after the start

831 □	**be buzzed** 【フ】テンションが上がっている, 興奮している	補）一般的な状況では「ほろ酔いである」という意味でも使用される。
832 □	**keep out 〜** 【フ】〜を阻む	補）一般的な状況では「〜を閉め出す」や「〜を排除する」という意味でも使用される。
833 □	**life-saving** ['laɪf seɪvɪŋ] 【形】起死回生の	関）life-or-death 生死をかけた
834 □	**limp off** 【フ】怪我で退く	補）limp には「足を引きずる」という意味がある。
835 □	**loose ball** 【名】ルーズボール	補）英語ではルースボールのような発音になることに注意。
836 □	**by a big margin** 【フ】大差で	関）by a slim margin 僅差で
837 □	**motivate** ['məʊtɪveɪt] 【動】〜をやる気にさせる	関）lack of motivation やる気の欠如
838 □	**outplay** [ˌaʊt'pleɪ] 【動】〜に勝る	関）outperform 〜を上回る
839 □	**pop up** 【フ】スッと現れる	関）appear out of the blue 突然に現れる
840 □	**rise high** 【フ】高く跳ぶ	活）rise - rose - risen

▶ ファンたちはその移籍の知らせにテンションが上がっている。
Fans are buzzed about the transfer news.

▶ そのゴールキーパーは9本中7本のシュートを阻んでいる。
The goalkeeper has kept out 7 of the 9 shots.

▶ 起死回生のクリアをする
make a life-saving clearance

▶ そのディフェンダーは涙を流しながら怪我で退いた。
The defender limped off in tears.

▶ ルーズボールを回収するために良い位置にいる
be in a good spot to collect a loose ball

▶ チャンピオンチームが大差で勝利するだろう。
The champion team is likely to win by a big margin.

▶ その監督は選手たちをやる気にさせるのが上手い。
The manager is really good at motivating players.

▶ 全ての点において対戦相手に勝る
outplay the opponent at every point

▶ いつも適切なときにスッと現れる
always pop up at the right moment

▶ ヘディングで得点するためにボックス内で高く跳ぶ
rise high in the box to score a header

841 □	**settle into the game** 【フ】試合になじむ	関）fit in the new team 新しいチームになじむ
842 □	**turning point** 【名】転換点，ターニングポイント	関）turning point in one's career キャリアの転換点
843 □	**ambitious** [æmˈbɪʃəs] 【形】思い切りのよい	関）Boys, be ambitious. 少年よ、大志を抱け。
844 □	**slice** [slaɪs] 【動】～を切るように蹴る	関）slice on the ball ボールのスライス回転
845 □	**be robbed** 【フ】不公平な判定にやられる	関）rob ～ of … ～から…を奪う
846 □	**close call** 【名】微妙な判定	関）have a close call 間一髪で逃れる
847 □	**aimlessly** [ˈeɪmləsli] 【副】目的なしに，漠然と	関）purposefully 目的を持って
848 □	**step on the ball** 【フ】ボールを踏む	関）take steps on ～ ～に対して措置を講じる
849 □	**be in an unnatural position** 【フ】(腕などが)不自然な位置にある	補）ハンドの判定の際に、腕が不自然な位置にあったかどうかは重要な観点となる。
850 □	**towering header** 【名】高く力強いヘディング	補）ロンドンに Tower Bridge というテムズ川にかかる有名な橋がある。

▶ 交代後すぐに試合になじむ
quickly settle into the game after the substitution

▶ 試合における大きな転換点
a big turning point in the game

▶ 長い距離の思い切りのよいシュートを放つ
take an ambitious shot from long range

▶ 浮かさないためにボールを切るように蹴る
slice the ball to keep it low

▶ 私たちは今日、不公平な判定にやられた。
We were robbed today.

▶ あれは本当に微妙な判定でした。
That was really a close call.

▶ 目的なしにパスを回すのをやめなさい。
Stop passing around aimlessly.

▶ ボールを踏んでこけた
stepped on the ball and fell over

▶ そのディフェンダーの腕は不自然な位置にあった。
The defender's arm was in an unnatural position.

▶ 高く力強いヘディングでリードを奪う
take a lead with a towering header

851 □	**have a significant presence** 【フ】大きな存在感がある	関）have no presence 存在感がない
852 □	**pull off ～** 【フ】～をやってのける	補）pull off には何か難しいことをやってのけるというニュアンスがある。
853 □	**encroachment** [ɪn'krəʊtʃmənt] 【名】侵入, 侵略	補）PKの際のボックスへの「侵入」や9.15m領域の「侵略」などを表す際に使用される。
854 □	**pick a fight** 【フ】ケンカを売る	関）fight a lone battle 孤軍奮闘する
855 □	**abusive** [ə'bju:sɪv] 【形】口汚い, 虐待的な	関）racial abuse 人種差別的発言
856 □	**pull the strings** 【フ】(味方を)巧みにあやつる	補）string には「操り人形のひも」という意味がある。
857 □	**be pumped up** 【フ】気合いが入っている	関）pump up a ball ボールに空気を入れる
858 □	**hungry spirit** 【名】ハングリー精神	関）perseverance 根気, 粘り強さ
859 □	**give a pep talk** 【フ】激励の言葉をかける	関）make a motivational speech 激励のスピーチを行う
860 □	**objective** [əb'dʒektɪv] 【名】目標	補）形容詞として「客観的な」という意味もある。

▶ その主将は大きな存在感がある。
The skipper has a significant presence.

▶ 素晴らしい技をやってのける
pull off a great piece of skill

▶ ディフェンダーによる明らかな侵入
obvious encroachment by defenders

▶ 私にケンカを売るべきではない。
You shouldn't pick a fight with me.

▶ なんでお前はそんなに口汚いんだ？
Why are you so abusive?

▶ 味方を巧みにあやつる真の10番が必要である
need a true number 10 to pull the strings

▶ 選手たちは慈善試合に向けて気合いが入っている。
Players are pumped up for the charity match.

▶ 才能だけでなくハングリー精神も持っている
possess not only the talent but also the hungry spirit

▶ 監督は敗戦の後に激励の言葉をかけた。
The manager gave a pep talk after the defeat.

▶ チームの目標を達成する
achieve the team objective

サッカー英語 861〜870

861 □	**penetrating pass**	【名】狙いすましたパス，突き刺すパス	補）penetrate には「〜に突き刺さる」や「〜を貫く」という意味がある。
862 □	**hold off**	【フ】〜を寄せ付けない	関）hold off on 〜 〜を先送りにする
863 □	**apologise** [əˈpɒlədʒaɪz]	【動】謝る	関）apologise to 〜 for … …のことで〜に謝る
864 □	**get a toe to the ball**	【フ】つま先でボールに触れる	関）stand on one's tiptoes つま先立ちをする
865 □	**capacity** [kəˈpæsəti]	【名】収容能力	関）be filled to capacity 満員である
866 □	**dream come true**	【名】夢の実現	関）My dream has come true. 夢が叶いました。
867 □	**heroic** [həˈrəʊɪk]	【形】英雄的な，勇敢な	関）in a heroic manner 勇ましい態度で
868 □	**wave of attacks**	【名】波状攻撃	関）attack in waves 波状攻撃をする
869 □	**from the training ground**	【フ】練習通り(の)，練習場から	補）練習通りのセットプレーが炸裂した際に、実況の人がよく使うフレーズである。
870 □	**soak up the pressure**	【フ】圧に耐える	補）soak には「〜を浸す」や「ずぶぬれになる」という意味がある。

▶ 前方への狙いすましたパス
a forward penetrating pass

▶ ライバルを寄せ付けない
hold off the rival

▶ すぐに相手に謝った
apologised to the opponent straight away

▶ 彼は脚を伸ばしてつま先でボールに触れた。
He stretched his leg and got a toe to the ball.

▶ スタジアムの収容能力
the capacity of the stadium

▶ あれは私にとって夢の実現のようでした。
That was like a dream come true for me.

▶ 英雄的なPKストップ
a heroic penalty stop

▶ 波状攻撃に対して守備をする
defend against the wave of attacks

▶ そっくりそのまま練習通りのセットプレー
a set-piece straight from the training ground

▶ 立ち上がりの5分間は圧に耐える
soak up the pressure during the opening 5 minutes

サッカー英語 871〜880

871 □	**steal the headlines** 【フ】主役を奪う	補）headline には新聞などの「見出し」という意味がある。
872 □	**claw away 〜** 【フ】〜を指先で弾く	補）claw には動物などの「かぎづめ」という意味がある。
873 □	**pick out 〜** 【フ】(良い選択肢など)を選び出す	関）pick out a talented player 才能のある選手を引き抜く
874 □	**pitch inspection** 【名】ピッチ点検	関）pass the inspection 検査に合格する
875 □	**rubbish** [ˈrʌbɪʃ] 【名】ゴミ, くだらないもの	補）「ゴミのようなプレー」を表すのに使われる言葉である。
876 □	**be focused on 〜** 【フ】〜に集中している	関）focus of attention 注目の的
877 □	**hit back** 【フ】反撃をする	関）fight back (ケンカなどで)反撃をする
878 □	**below par performance** 【名】平均以下の出来栄え	関）above par performance 平均以上の出来栄え
879 □	**split the defence** 【フ】ディフェンスを割る	活）split - split - split
880 □	**service** [ˈsɜːvɪs] 【名】(チームへの)尽力, 奉仕	関）serve 〜に仕える

▶ ハットトリックで主役を奪う
steal the headlines with a hat-trick

▶ ボールを指先で弾くために高く跳ぶ
jump high to claw away the ball

▶ 上手く最良の選択肢を選び出す
nicely pick out the best option

▶ ピッチ点検のために出てくる
come out for a pitch inspection

▶ 自分のファーストタッチはまったくもってゴミでした。
My first touch was utter rubbish.

▶ 私たちは優勝トロフィーを勝ち取ることに集中している。
We are focused on winning silverware.

▶ フォーメーション変更で反撃をする
hit back with a formation change

▶ 彼らは平均以下の出来栄えを批判された。
They were criticised for their below par performance.

▶ スルーパスでディフェンスを割る
split the defence with a through ball

▶ このチームに長きにわたって尽力してくれてありがとう。
Thank you for your long-term service to this team.

881 □	**go unpunished** 【フ】お咎めなしで済む，見過ごされる	関）go unnoticed 気づかれないままになる
882 □	**ball to hand** 【フ】ボールが手にいった	補）不可抗力的にボールが手に当たったことを理由に、ハンドの反則を免れようとする際の常套句。
883 □	**in a textbook method** 【フ】教科書通りの方法で	関）in a unique way 独特の方法で
884 □	**team morale** 【名】チームの士気	補）スペルが似ている moral は「道徳的な」という意味の単語。
885 □	**be caught sleeping** 【フ】隙を突かれる	補）直訳すると「寝ているところを捕まえられる」という意味。
886 □	**let the ball go** 【フ】ボールを見送る	活）let - let - let
887 □	**tidy up 〜** 【フ】〜を整える	補）形容詞の tidy には「整った」や「きちんとした」という意味がある。
888 □	**complete a double** 【フ】2勝を達成する	補）同一シーズンに、同じ相手に対してホームとアウェイのどちらにおいても勝利することを指す。
889 □	**slack** [slæk] 【形】たるんだ，ゆるい	関）slack regulations ゆるい規則
890 □	**go over the line** 【フ】ラインの外へ出る	関）go over the top やりすぎる，はめを外す

▶ その悪意のあるひじ打ちはお咎めなしで済んだ。
The malicious elbow went unpunished.

▶ 審判、ボールが手にいったからハンドじゃないよ！
Ref, it was ball to hand, not handball!

▶ 教科書通りの方法でヘディングを決める
head home in a textbook method

▶ 試合前にチームの士気を高める
boost team morale before the match

▶ ホームチームが隙を突かれた。
The home team was caught sleeping.

▶ そのディフェンダーはなぜかボールを見送った。
The defender somehow let the ball go.

▶ まずは守備を整える必要がある
need to tidy up the defence first

▶ ライバルに対して2勝を達成する
complete a double over the rival

▶ たるんだ守備の後にゴールを許す
concede a goal after some slack defending

▶ ボール全体はラインの外に出ていなかった。
The whole ball did not go over the line.

サッカー英語 891〜900

891 □	**do one's homework** 【フ】課題を修正する, 宿題をこなす	関）modify one's plan 計画を修正する
892 □	**weight of pass** 【名】パスの強さ	関）well-weighted pass 強さのちょうど良いパス
893 □	**pack the defence** 【フ】守備を固める	補）遠征などに向けて荷物をまとめることを packing という。
894 □	**do one's defensive duty** 【フ】守備の義務を果たす	補）空港などでよく見かける duty-free には「免税」という意味があることも知っておきたい。
895 □	**mean** [miːn] 【動】〜を意図してやる	補）クロスを狙ったつもりのボールが運良くゴールに入ったら、I meant it! と言っておこう。
896 □	**stand-in** ['stænd ɪn] 【形】代役の	関）stand in for the skipper 主将の代理を務める
897 □	**in the nick of time** 【フ】間一髪で, ギリギリで	関）have a narrow escape 間一髪のところで助かる
898 □	**hole in the defence** 【名】守備の穴, 隙	関）pick a hole in 〜 〜のあら探しをする
899 □	**play the ball** 【フ】ボールにプレーをする	補）ファウルの判定をする際に、ボールにプレーをしたかどうかは重要な観点となる。
900 □	**kickabout** 【名】遊びのサッカー, 球蹴り	補）公園などでの球蹴り遊びや、アマチュアの試合を指す言葉。

▶ 次の試合までに課題を修正しなくてはいけない。
We must do our homework by the next game.

▶ パスの強さは完璧だった。
The weight of pass was perfect.

▶ 追加時間に守備を固める
pack the defence in added time

▶ 君たちみんなが守備の義務を果たさなければならない。
All of you must do your defensive duty.

▶ ごめん、それを意図してやったわけではないんだ。
Sorry, I didn't mean it.

▶ 多くの経験を持った代役の選手
the stand-in player with a lot of experience

▶ 間一髪でブロックをする
block in the nick of time

▶ 斜め方向への走り込みが守備の穴を生み出しました。
The diagonal run made a hole in the defence.

▶ そのゴールキーパーがボールにプレーをしたかどうか
whether the goalkeeper played the ball or not

▶ 日曜に遊びのサッカーを楽しむ
enjoy a kickabout on Sundays

Additional Time 10　イギリスで驚いた出来事

私がイギリスの大学院に留学していたとき、現地の人々の*フットボール愛に驚く出来事が多くありました。最後のコラムでは、その中のエピソードの1つを紹介したいと思います。私が最も驚いたのは、50歳は超えているであろう大学の教授陣から 8-a-side に誘われたことでした。イギリスでは年齢や性別を問わず、本当に多くの人たちがフットボールをプレーしていると感じました。そして、そういった機会においては、上手いか下手かということでも、走れるか走れないかということでもなく、純粋にフットボールを楽しんでいるかという点が重要視されていたように思います。(もちろん、勝敗にはこだわります。)また、イギリスでは Sunday League Football というアマチュアフットボールのリーグ戦を週末に楽しむという文化が根付いていました。そういう大人の姿を見て子供が育つので、自然とフットボールの裾野が広がっていくのかもしれません。このような本場の*グラスルーツフットボールを目の当たりにして、日本でもそういった豊かなスポーツ文化が育っていってほしいと強く感じました。(↓ちなみに、学校のピッチが天然芝で最高でした!)

* 今回の Additional Time においては、あえて「サッカー」を現地の呼び方である「フットボール」と表記しています。

* grassroots(グラスルーツ)という英単語には「草の根の」や「民衆に根差した」などの意味があります。

Memo

After the Final Whistle

本書を最後までお読みいただき、ありがとうございました。「サッカーと英語」というテーマで作り上げたフレーズブックを世に出せたことは、私の人生に大きな達成感をもたらしてくれました。出版に至るまでの長い道のりは、決してひとりで歩んできたものではありません。出版企画を採用してくださった東京図書出版の皆様、構想の段階でフレーズチェックを引き受けてくれたMatthew Jones先生、表紙カバーイラストのデザインを担当してくれた石渡美海さん、大学院留学中に多くのことを教えてくれた友人たち。サッカーを通して出会った仲間たち。どんなときも支えてくれる家族のみんな。いつも元気をくれる生徒のみんな。そして、本書を手に取ってくれた読者のみんな。あなた方の存在がなければ、ここまで辿り着くことはできませんでした。本当にありがとう。そして、これからもよろしくお願いします。

イギリス留学が終わりを迎える直前に、旅行先のバルセロナの海辺で朝日を見てきました。上手く言葉にできないような、幸せな時間だったことを覚えています。きっと世界は、まだ見ぬ美しい景色にあふれているのでしょう。これから、日本のサッカー界がもっともっと発展して、「新しい景色」を見られることを楽しみにしています。その瞬間にほんの少しでも貢献できるよう、今後も全力で生きていくことを誓い、本書の締めとさせていただきます。

2024年1月4日

遠藤泰介

Index

遠藤　泰介（えんどう　たいすけ）

明治大学を卒業し、ロンドン大学ロイヤルホロウェイの修士課程を修了。2002年に開催された日韓W杯を見てサッカーを始め、留学先のイギリスでもサッカー部の一員として活動。主な所有資格は英検1級、TOEIC L&R 990、サッカー審判3級。

サカフレ

サッカー好きに贈る実用英語フレーズブック

2024年4月11日　初版第1刷発行

著　　者　遠藤泰介
発 行 者　中田典昭
発 行 所　東京図書出版
発行発売　株式会社 リフレ出版
〒112-0001　東京都文京区白山 5-4-1-2F
電話 (03)6772-7906　FAX 0120-41-8080
印　　刷　株式会社 ブレイン

ISBN978-4-86641-692-2 C0082
Printed in Japan 2024